LONDON

ON TOUR

DIE AUTORIN

JOSEPHINE GREVER

stammt aus Aachen, lebt seit über 30 Jahren in London und kennt jede gesellschaftliche Ecke. Sie schreibt über Design, Gärten, Kultur und Gesellschaft. Was sie an London schätzt: die typisch britische Mischung aus Traditionsbewusstsein und Hang zur Non-Konformität. Die entspannte Laissez-Faire-Lebenseinstellung – man könnte es die Leichtigkeit des Seins nennen.

Unser E-Book-Code zur elektronischen Erweiterung des POLYGLOTT on tour. Das kostenlose E-Book enthält die im Reiseführer aufgeführten Adressen entlang der Touren, beispielsweise zu Essen und Trinken, Shoppen, Aktivitäten und Hotel-Tipps. Links auf einen externen Kartendienst vereinfachen das Auffinden dieser Adressen.

WWW.POLYGLOTT.DE

SEITENBLICK

ERSTKLASSIG

ALLGEMEINE KARTEN

STADTTEIL-KARTEN

6 TYPISCH

20 REISEPLANUNG & ADRESSEN

58 LAND & LEUTE

SYMBOLE ALLGEMEIN

Erstklassig: Besondere Tipps der Autoren

Seitenblick: Spannende Anekdoten zum Reiseziel

12 Top-Highlights und

Highlights der Destination

70 TOUREN & SEHENSWERTES

TOUR-SYMBOLE

- 1 Die POLYGLOTT-Touren
- 6 Stationen einer Tour
- 1 Zwischenstopp Essen & Trinken
- A1 Die Koordinate verweist auf die Platzierung in der Faltkarte
- a1 Platzierung Rückseite Faltkarte

PREIS-SYMBOLE

	Hotel DZ	Restaurant
€	bis 100 £	bis 35 £
€€	100 bis 160 £	35 bis 50 £
€€€	über 160 £	über 50 £

ZEICHENERKLÄRUNG DER KARTEN

Symbol	Bedeutung	Symbol	Bedeutung
	(Seite=Kapitelanfang) beschriebenes Stadtviertel		Hauptstraße
10 E h	Sehenswürdigkeiten		sonstige Straßen
10	Zwischenstopp Essen & Trinken		Fußgängerzone
4	Tourenvorschlag		Eisenbahn
	Autobahn		Staatsgrenze
	Schnellstraße		Landesgrenze
			Nationalparkgrenze

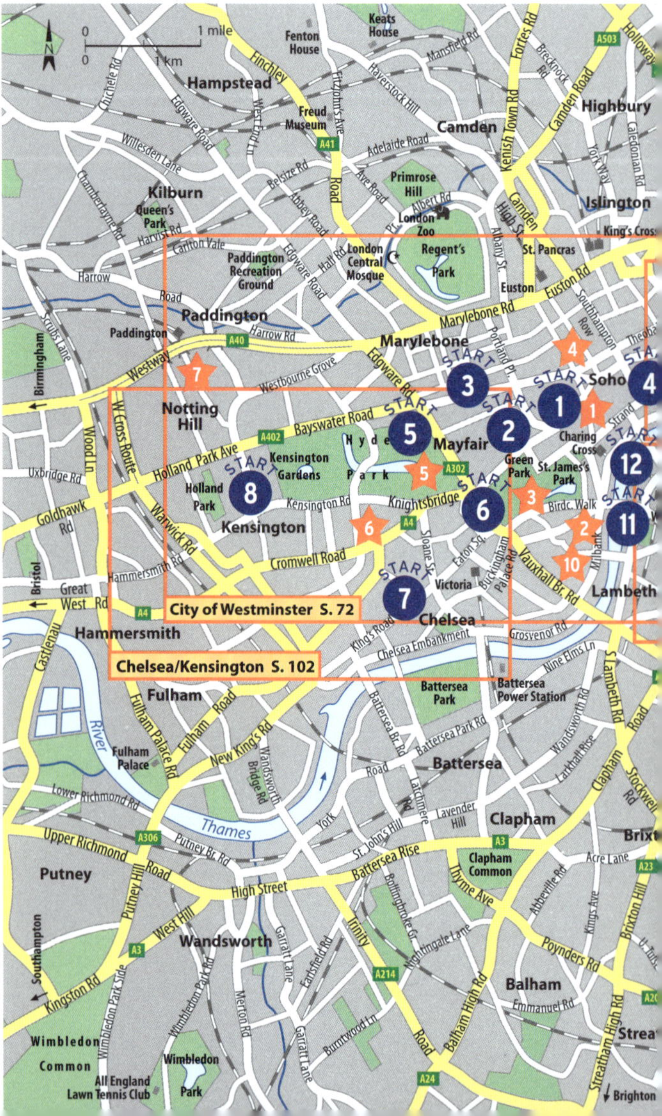

Perfekte Planung > Parallel vordere Klappe aufschlagen

TOP-12-HIGHLIGHTS

1. NATIONAL GALLERY > S. 75
2. WESTMINSTER ABBEY > S. 78
3. BUCKINGHAM PALACE > S. 86
4. BRITISH MUSEUM > S. 96
5. HYDE PARK & KENSINGTON GARDENS > S. 104
6. VICTORIA AND ALBERT MUSEUM > S. 111
7. PORTOBELLO ROAD MARKET > S. 121
8. ST. PAUL'S CATHEDRAL > S. 124
9. ROYAL NATIONAL THEATRE > S. 140
10. TATE MODERN UND TATE BRITAIN > S. 141
11. CANARY WHARF > S. 156
12. GREENWICH > S. 158

Das London Eye dreht sich am Südufer der Themse, schräg gegenüber der Houses of Parliament mit Big Ben

TYPISCH

LONDON IST EINE REISE WERT!

Mit 17,4 Mio. Besuchern jährlich ist London die populärste Destination der Welt. Warum? Die Stadt hat Parks, Museen und Paläste ohnegleichen. Sie pflegt Traditionen und ist gleichzeitig offen für die Avantgarde. Und sie ist unwiderstehlich international: die ganze Welt in einer Stadt!

JOSEPHINE GREVER
Die Autorin stammt aus Aachen, lebt seit über 30 Jahren in London und kennt jede gesellschaftliche Ecke. Sie schreibt über Design, Gärten, Kultur und Gesellschaft. Was sie an London schätzt: die typisch britische Mischung aus Traditionsbewusstsein und Hang zur Non-Konformität. Die entspannte Laissez-Faire-Lebenseinstellung – man könnte es die Leichtigkeit des Seins nennen.

Es war einmal vor langer Zeit: Als ich Mitte der Siebzigerjahre London besuchte, konnte ich meinen VW Käfer direkt am Leicester Square parken, ohne dass es einen Polizisten kümmerte. In der King's Road führten die Punks ihre Stachelfrisuren spazieren, in der U-Bahn war fast jede Nation der Welt vertreten. Alles war aufregend, aber anständigen Kaffee gab es nirgendwo. Kaffee ist mittlerweile Kult und die King's Road zur Shoppingmeile mutiert – doch aufregend ist es immer noch.

»Mein« London ist seit rund 20 Jahren der Stadtteil Kennington am Südufer der Themse – wunderbar zentral (zum St. James's Park sind es nur 20 Minuten Fußweg) und trotzdem ruhig. Cafés, Märkte und Läden sind hier nicht so sündhaft teuer oder auf Hochglanz gewienert wie auf der Nordseite der Themse. Und morgens beim Aufwachen die Glocken von Big Ben zu hören hat für mich nichts von seinem Zauber verloren. Allerdings wird der Glockenturm derzeit repariert und bleibt bis 2021 stumm.

Dass Südlondon sich in einem enormen Aufwärtsstrudel befindet, begann mit der Eröffnung der Tate Modern im Jahr 2000 und ist nichts Neues. Aber wie rasant schnell sich zurzeit alles verändert, ist dann doch ein Thema beim Morgenkaffee in einem der portugiesischen Cafes von Stockwell, einem benachbarten Stadtteil von Kennington.

An einem typischen Morgen sitzen hier polnische Bauarbeiter und Taxifahrer aus Madeira neben aus der Karibik stammenden Rentnern, lokalen britischen Künstlern und Schriftstellern und reden sich heiß. Sobald das

Thema Fußball abgehakt ist, geht es um aktuelle Anliegen: Etwa den Höhenrausch am Fluss, wo wie im Akkord banale neue Wolkenkratzer entstehen. So zum Beispiel rund um das ehemalige Kohlekraftwerk Battersea Power Station (»Dubai on Thames«), wo sich auch die neue amerikanische Botschaft befindet. Das ist beunruhigend nahe; hoffentlich ändert sich nichts an der Dorfatmosphäre, daran, dass hier eine Gemeinde ist, die sich kennt und zusammenhält. Natürlich ist auch der Brexit ein Thema: Ein absurdes Spektakel. Seit dem Referendum gibt es fast kein Wirtschaftswachstum. Begreifen die Politiker, was sie da tun?

Jeden Morgen geht es hier lebhaft zu. Wieder einmal steht für mich fest: Londons größte Stärke sind die Menschen aus allen Teilen der Welt, die meist entspannt miteinander umgehen und ohne die London wie ein Eintopf ohne Würze wäre. Wie sie mit ihren eigenen Sitten, Religionen, Läden und Restaurants in den Vororten leben, hat Hanif Kureishi immer noch am besten auf den Punkt gebracht. Auf Karim Amir, Hauptfigur seines Buchs »Der Buddha aus der Vorstadt«, wirkt London wie ein Haus mit 5000 verschiedenen Zimmern. »Der Kick war, ihre Verbindung zueinander herauszufinden, und sie mit der Zeit alle zu entdecken«.

London als eine Ansammlung von Dörfern zu beschreiben ist eine Binsenweisheit, aber sie stimmt. Andere Klischees dagegen sind absurd – etwa wenn mich ein Berliner Ehepaar fragt, wie man denn in London leben könne – bei dem miesen Wetter und der schlechten Küche. Das ist nun wirklich Schnee von vorgestern: Erstens ist das Wetter durchaus angenehm – manch-

Market Café am Broadway Market in Hackney

mal launisch, aber selten zu kalt oder zu heiß. Immerhin gedeihen hier Palmen, Kamelien und Olivenbäume. Zweitens hat die englische Küche schon seit Jahrzehnten nichts mehr mit ihrem miserablen Image aus der Nachkriegszeit gemein. Die Stadt ist ein Schlaraffenland, in dem es alles gibt – von Haute Cuisine bis zu wirklich gutem Street Food. Londons Schwachpunkte sind die aller Metropolen: zu viele Menschen, zu viel Verkehr, große wirtschaftliche und soziale Gegensätze. Wie überall schafft die neue Geldelite Ressentiments. Die »alte Ordnung« Londons, nach der die Straßen, Plätze und Grundstücke der besten Stadtviertel einer Handvoll aristokratischer Familien vorbehalten waren, gibt es so nicht mehr. Heutzutage scheint London fest in der Hand russischer Oligarchen, indischer Unternehmer, saudischer Ölscheichs und anderer Milliardäre zu sein. Die Preise steigen rasant, und die »richtigen« Londoner weichen in die Vororte aus.

Südlich der Themse ist London nicht nur preiswerter, sondern auch ruhiger – und ein gutes Beispiel dafür, wie man selbst nahe am Zentrum nicht unbedingt merkt, dass man in einer Riesenstadt lebt. Da aber die meisten Museen, Theater und angesagten Restaurants nördlich liegen, wird der Fluss natürlich regelmäßig überquert. Abends – vielleicht am Wochenende nach einem Restaurantbesuch im ultra-coolen Shoreditch – stockt einem fast der Atem angesichts all des Trubels. Die junge Szene strömt zu Musikklubs und Bars. Um Mitternacht spielt eine Band am Südufer der London Bridge. Auf der Straße wird getanzt. Man spürt einen »vibe«, und die Energie wirkt ansteckend. Dies ist das andere, pulsierende London. Gut, daß es beides gibt. Beides ist auf seine Art wunderbar.

Blick im St. James's Park nach Osten auf Horse Guards

WAS STECKT DAHINTER?

Die kleinen Geheimnisse sind oftmals die spannendsten. Hier werden die Geschichten hinter den Kulissen erzählt.

WARUM FÄHRT MAN IN ENGLAND EIGENTLICH LINKS?

Als englische Exzentrizität lässt sich dies nicht abtun. In den Anfängen des Straßenverkehrs war Linksverkehr in ganz Europa üblich. Reiter stiegen von links auf, Kutscher, die als Rechtshänder die Peitsche schwangen, lenkten mit links. Der Rechtsverkehr war ein Kind der Französischen Revolution und setzte sich mit Napoleons Eroberungen in ganz Kontinentaleuropa durch. In Großbritannien jedoch konnte man sich dem schon aus Prinzip nicht anschließen. Deshalb fährt man in England und den früheren britischen Kolonien links und nicht rechts. In London ist die Zufahrt zum Savoy Hotel › S. 36 die einzige Straße, auf der das Fahren auf der rechten Seite vorgeschrieben ist.

WARUM SIND LONDONS BUSSE ROT?

Londons Transportwesen begann 1829 mit Pferde-Omnibussen und nutzte zunächst verschiedene Farben, um die einzelnen Buslinien zu kennzeichnen. 1907 malte das größte Unternehmen, die London General Omnibus Company, ihre Busse rot an, um sich von der Konkurrenz abzusetzen. Nach verschiedenen Umstrukturierungen und Eigentümerwechseln sind seit 1956 alle Busse im gleichen Knallrot. Der Farbton (Pantone 485) sollte die Sicherheit im Verkehr erhöhen. Es ist übrigens die gleiche Farbe wie die von KitKat, Mc Donald's, der Royal Mail und der russischen Flagge.

WAS GESCHIEHT, WENN DIE DIVISION BELL KLINGELT?

Die Glocke kündigt eine Abstimmung im Parlament an. Wenn sie läutet, haben die Abgeordneten genau acht Minuten Zeit, sich im Unterhaus einzufinden. Deshalb wurde die Glocke im Regierungsviertel in Pubs, Restaurants, Läden und Wohnhäusern installiert. Wer also in Westminster z. B. in St. Stephen's Tavern (10 Bridge St.) G4 ein Bier trinkt und plötzlich ein Bimmeln hört, wird gleich darauf erleben, wie Parlamentsmitglieder fluchtartig das Lokal verlassen.

WAS SIND CABMEN'S SHELTERS?

Very very English: Die 13 grünen Holzhütten wurden 1875 in der Innenstadt errichtet, damit Kutscher in ihnen eine warme Mahlzeit zu sich nehmen konnten. Zu finden sind sie z. B.: Pont St. E5 (nahe Sloane St.), Hanover Sq. F3, Kensington Rd. C4 (bei Queen's Gate) und Warwick Ave. C2. Für Taxifahrer gibt's darin deftige Hausmannskost. Passanten dürfen sich zwar nicht dazusetzen, können sich aber zumeist ein Sandwich kaufen.

50 DINGE, DIE SIE ...

Hier wird entdeckt, probiert, gestaunt, Urlaubserinnerungen werden gesammelt und Fettnäpfe clever umgangen. Diese Tipps machen Lust auf mehr und lassen Sie die ganz typischen Seiten erleben. Viel Spaß dabei!

... ERLEBEN SOLLTEN

1 Ruderpartie im Hyde Park Auf dem 11 ha großen Serpentine-See › S. 105 kann man Ruder- oder Tretboote mieten (Ostern–31. Okt., www.royalparks.org.uk/hyde Park).

2 Besuch einer Auktion Die Previews sind die perfekte Gelegenheit, alte und moderne Meister, Möbel, Bücher oder Juwelen anzuschauen, und die Auktionen bieten gute Unterhaltung – in der Regel bei freiem Eintritt (www.christies.com, www.sothebys.com) › S. 53.

Tänzer beim Notting Hill Carnival

3 Mittanzen beim Notting Hill Carnival Großes Spektakel der karibischen Gemeinde mit Umzügen, Reggaebands und exotischem Street Food › S. 121. Londons größte Straßenparty – ein Hauch von Rio (www.thenottinghillcarnival.com).

4 Spaziergang durch einen verwunschenen alten Friedhof 1832 angelegt, ist Kensal Green Londons ältester Friedhof (Harrow Rd., W10, Ⓤ Kensal Green, Bakerloo Line). U. a. befindet sich hier das Grab von Freddie Mercury. Sonntags 14 Uhr Führung durch die Katakomben und Alleen (www.kensalgreencemetery.com).

5 Afternoon Tea, am besten in einem der großen Hotels. Zum Tee-Ritual gehören delikate Sandwiches und feines Gebäck, das auf silbernen Etageren serviert wird. Ca. £ 50–60 pro Person. Sehr edel etwa in Brown's Hotel › S. 35.

6 Spaziergang am Regent's Canal Der 14 km lange Wasserweg führt von Paddington im Norden C2 bis zur Themse bei Limehouse c1. Man kommt an Trauerweiden, Schleusen und Hausbooten vorbei und gelangt schließlich zur Limehouse Marina, wo kleine Boote im Wasser dümpeln und Schilder auf

Mit der Seilbahn Emirates Air Line über die Themse

die Vogelwelt hinweisen: Ein anderes, wohltuend stilles London (www.canalrivertrust.org.uk).

7 Einkaufen bei Daunt Books Zwischen den langen Eichenregalen der höchst eindrucksvollen Buchhandlung in einem alten georgianischen Gemäuer kann man stundenlang stöbern und schmökern. Besondere Events sind die immer wieder stattfindenden Autorenlesungen (83 Marylebone High Street, W1U, www.dauntbooks.co.uk) E2.

8 Pub Crawl Hier ein Bier und dort ein Bier. Die meisten der Londoner Pubs haben eine lange Geschichte und viel Atmosphäre (www.citypubs.co.uk). Ein guter Startpunkt ist z. B. The Hand & Shears (1 Middle Street, EC1A, Ⓤ Barbican) J2.

9 Gondelfahrt mit der Emirates Air Line Von der Greenwich Peninsula (beim Millennium Dome) geht es per Seilbahn zu den Royal Victoria Docks am Nordufer der Themse. Der Blick aus luftiger Höhe auf die Docklands, den Olympischen Park und die Thames Barrier ist großartig (ab Ⓤ North Greenwich, www.emiratesairline.co.uk) f2.

10 Ins Stadion gehen London ist recht fußballverrückt und ein Mekka für Fans. Ob Chelsea, Arsenal oder ein weiterer der zwölf Profiklubs in der Stadt – jeder einzelne Klub hat seine spezifischen Merkmale und Anhänger. Die Stimmung vor und nach einem Spiel mitzuerleben, ist spannend. Mit aktuellen Infos und Tickets hilft die Webseite www.fussballinlondon.de.

... PROBIEREN SOLLTEN

⓫ **Ein typisch englisches Frühstück** Knuspriger Bacon, gebratene Würstchen, gegrillte Tomaten und Champignons und natürlich Spiegeleier. Dazu Toast mit gesalzener Butter. Gibt's an vielen Orten; eine schicke Adresse ist The Wolseley (160 Piccadilly, W1J, www.thewolseley.com) F3/4.

⓬ **Cider** Den erfrischenden Apfelschaumwein aus Englands Obstgärten serviert man direkt vom Fass im Pub The Green Man in Fitzrovia (36 Riding House St., W1, Ⓤ Goodge Street) F2.

⓭ **Grouse** Moorhühner sind eine urbritische Spezialität, auf dem Speiseplan ab dem 12. August bis Ende November. Greifen Sie zu im Restaurant The Game Bird › S. 41 im Stafford Hotel in Mayfair.

⓮ **Ale** Das britische Bier hat einen relativ geringen Alkoholgehalt (vier Prozent) und wird nicht zu kalt genossen. Wer es probieren möchte – der Pub White Horse in Fulham gilt als Mekka der britischen Bierkultur (1–3 Parsons Green, SW6, Ⓤ Parsons Green).

⓯ **Fish and Chips** sind unschlagbar, wenn sie in gutem Öl frittiert

Am Granary Square hinter King's Cross finden regelmäßig Flohmärkte statt

sind. Eine traditionelle Adresse für diese britische Spezialität ist das Restaurant Seashell (49–51 Lisson Grove NW1, www.seashellrestaurant.co.uk, Ⓤ Marylebone) D2.

16 **Chicken Tikka Masala** Ein indisches Curry-Gericht gehört zu den kulinarischen Erlebnissen in London, die man nicht verpassen sollte. Veeraswamy, das älteste Indien-Restaurant Londons, unweit vom Piccadilly Circus, ist eine gute Adresse (99 Regent Street, www.veeraswamy.com, Ⓤ Piccadilly) F3.

17 **Pies** sind Pasteten, die mit Hackfleisch (Shepherd's Pie) oder Fisch (Fish Pie) gefüllt sind. Bei M. Manze werden Pies traditionell mit Kartoffelbrei und Petersiliensauce serviert (87 Tower Bridge Rd., SE1, www.manze.co.uk) K/L5.

18 **British Cheese** Englands traditionelle Käseherstellung ist zur Zeit auf Erfolgskurs. Eine gute Adresse ist Neal's Yard Dairy am Borough Market (6 Park Street, SE1, www.nealsyarddairy.co.uk) K4.

19 **Gurken-Sandwiches** Hauchdünne Gurkenscheiben zwischen gebutterten Toastbrotscheiben – mit diesem Klassiker beginnt jeder Afternoon Tea, der etwas auf sich hält. Zu probieren z. B. bei Fortnum & Mason › S. 79.

20 **Beef Wellington** Das in Blätterteig eingerollte Rinderfilet soll zur Zeit General Wellingtons kreiert worden sein. Im Pub The Grenadier › S. 47, wo die Offiziere des Generals gerne einkehrten, steht es zuverlässig auf der Speisekarte.

Fish & Chips, Englands Klassiker

... BESTAUNEN SOLLTEN

21 **Blick über die Dächer von Chelsea** Beim Morgenkaffee im sechsten Stock des Kaufhauses Peter Jones › S. 50 das Panorama zu genießen ist ein guter Tagesanfang.

22 **Granary Square** Wer mit dem Eurostar ankommt, sieht das neue Viertel hinter King's Cross Station G1 nahe am Regent's Canal bereits vom Fenster aus. Auf dem Platz vor dem berühmten Central Saint Martin's Design College tanzen Fontänen im rhythmischen Takt. Rundum finden sich Cafés, Restaurants, Läden und Food-Märkte. (www.kingscross.co.uk).

Auf dem Brixton Market gibt es nichts, was es nicht gibt

23 Late Night im Museum Abends sind auch populäre Ausstellungen weniger besucht als tags. Sehr atmosphärisch etwa wirkt der Sarkophag von Pharao Sethos I. im Sir John Soane Museum › S. 129 bei Kerzenlicht (Infos: www.soane.org/whats-on/evening-opening, www.timeout.com).

24 Sonnenuntergang auf der Waterloo Bridge H3 Big Ben, die City, Tower Bridge – das Panorama von hier gehört zu den schönsten in London, vor allem, wenn die Lichter der Stadt angehen.

25 Eintauchen in Brixton Market Europas größter afro-karibischer Foodmarket ist ein Erlebnis für alle Sinne. Ob Yamswurzeln, nigerianische Liebesfilme oder ein Leonardo nachempfundenes Bild des Abendmahls, das Jesus und seine Jünger als Afrikaner darstellt – man kommt aus dem Staunen nicht heraus. Dazu großartige Musik. Am lebendigsten Fr und Sa (Coldharbour Lane, SW9, Ⓤ Brixton, www.brixtonmarket.net).

26 Whistlejacket George Stubbs' berühmtes Gemälde (1762) hängt in der National Gallery › S. 75, Ebene 2, Raum 34. Die großformatige Darstellung des Rennpferdes ist von unübertroffener Dynamik.

27 Shakespeare im Globe Theatre › S. 142 »Hier zu sein ist aufregender als Fallschirmspringen«, finden die Schauspieler – und auch für die Zuschauer ist ein Besuch im runden Freilufttheater ein Erlebnis. Tickets ab £ 10 (Stehplatz) aufwärts.

28 Gratiskonzert in Westminster Abbey › S. 78 Wer bis 17 Uhr wartet, kommt umsonst rein und genießt noch einen Bonus. Eine Stunde lang singt täglich ein anderer Chor die Abendandacht (am Wochenende schon um 15 Uhr).

29 Wodka Martini in der Rumpus Bar des Mondrian Hotel am Südufer. Von der Terrasse im 12. Stock genießt man einen Traumblick auf St. Paul's. Und sieht deutlich: London schießt gewaltig in die Höhe (www.mondrianlondon.com) J3.

30 Schlüsselzeremonie vor dem Tower Seit 700 Jahren schließt der Oberste Leibgardist um 21.50 Uhr das Haupttor und überreicht den Schlüssel feierlich dem Gouverneur des Tower › S. 151. Der Zeremonie beizuwohnen ist kostenlos, aber man muss sich schriftlich und bis zu zwei Monate im Voraus anmelden (www.hrp.org.uk/TowerOfLondon/WhatsOn/theceremonyofthekeys).

31 Georgianische Baukunst Ein wunderbares und von Touristen nicht überlaufenes Beispiel für die klassische Harmonie der Backstein-Reihenhäuser aus georgianischer Zeit, die um rechteckige »Squares« und abgerundete »Crescents« gebaut wurden, ist der Fitzroy Square in Fitzrovia › S. 98.

... MIT NACH HAUSE NEHMEN SOLLTEN

32 Whisky Dundee Cake vom Edel-Kaufhaus Fortnum & Mason › S. 50. In die schönen Dosen kann man später z. B. Kekse füllen.

33 Winkende Queen mit Solarzelle in der Handtasche. Bei Sonnenlicht beginnt sie zu winken und verbreitet auch zu Hause noch gute Laune. Überall im Zentrum zu finden (ca. £ 12).

34 Orangenmarmelade Die klassische englische Version enthält Orangenzeste und schmeckt etwas bitter. Zu kaufen etwa in einer Filiale des Supermarkts Waitrose (www.waitrose.com).

35 Picknick-Teller aus Blech aus dem Museumsladen der Wallace Collection › S. 91 mit den klassischen Motiven des Sèvres-Porzellan (ab ca. £ 5).

Und täglich winkt die Queen ...

36 **Pyjamas** aus einem der Herrenläden in der Jermyn Street hat schon Katherine Hepburn getragen. Eine gute Adresse ist Turnbull & Asser › S. 84. Ab £ 295, halb so teuer während des Ausverkaufs.

37 **Colman Mustard** Scharf, aber nicht aufdringlich: Der berühmte Senf wird seit 1858 in England hergestellt und steht bei Kennern hoch im Kurs, vor allem als Pulver (mit Wasser angerührt). In jedem Supermarkt erhältlich (ca. £ 1,40).

38 **Grapefruit and Rosemary Roomspray** von Floris, Londons ältester Parfümerie (89 Jermyn St., SW1, www.florislondon.com) F3. Der frische Duft hält noch lange die Erinnerung an die Reise wach (ab £ 25).

39 **Postkarten** aus dem Laden der National Gallery › S. 75 eignen sich perfekt als Weihnachtskarten.

Floris führt edle Duftwässerchen

40 **Marmite** Die vegetarische Würzpaste (1902 in Großbritannien erfunden) wird entweder leidenschaftlich geliebt oder rundum verschmäht. Derzeit ist sie Kult und in jedem Supermarkt zu haben (ca. £ 2,50).

... BLEIBEN LASSEN SOLLTEN

41 **London mit dem Auto** zu besuchen ist keine gute Idee. Parkplätze (wenn man überhaupt welche findet) und Straßenmaut gehen ins Geld. An den Linksverkehr muss man sich erst gewöhnen, und die permanenten Verkehrsstaus können einem den letzten Nerv rauben.

42 **Die U-Bahn zu Stoßzeiten** Während der Rushhour (7.00–9.30 und 16.30–18.30 Uhr) ist allerdings auch die *tube* brechend voll und keine gute Verkehrsalternative. Da sitzen Sie am besten noch beim Frühstück oder spazieren zu Fuß.

43 **Auf Rolltreppen auf der linken Seite stehen** Das ungeschriebene Gesetz ist, auf der rechten Seite zu stehen, damit Leute, die es eilig haben, links vorbeikönnen. Wer sich nicht daran hält, wird die Londoner von ihrer unfreundlichen Seite kennenlernen.

44 **Den Zebrastreifen überqueren,** ohne vorher erst nach rechts (!) und dann nach links zu schauen. Nicht vergessen: In England herrscht Linksverkehr.

Kein Linksverkehr auf Londons Rolltreppen. Hier heißt es: Rechts stehen, links gehen

45 Nach der »Toilet« fragen Wer das stille Örtchen sucht, lässt sich den Weg zum »Lavatory« oder »Loo« weisen. Besser noch ist die Redewendung »to spend a penny«.

46 Soho am Wochenende Freitag und Samstag sind die großen Ausgehtage der Londoner. Dann ist Soho ein überfülltes Durcheinander. Besser ist es, den Stadtteil in der ruhigeren Zeit von Montag bis Mittwoch zu erkunden.

47 In irgendein Minicab steigen, das nicht empfohlen wurde. Zwar sind Minicabs oft preisgünstiger, aber die Fahrzeuge sind oft nicht versichert. Besser sind Black Cabs, deren Fahrer gut ausgebildet sind.

48 Vordrängeln Auch in England bildet sich heutzutage nicht mehr von selbst an jeder Bushaltestelle eine offizielle Schlange. Es empfiehlt sich trotzdem, hilfsbereit zu sein und Müttern mit Kindern sowie älteren Herrschaften den Vortritt zu lassen.

49 »Please« und »Thank you« vergessen Lieber einmal zu viel als einmal zu wenig. Höflichkeit öffnet viele Türen.

50 Alles auf einmal sehen wollen Es ist wahr, das schiere Angebot Londons kann einen erschlagen. Auch hier gilt: Weniger ist mehr. Die Tipps in diesem Buch bieten die beste Auswahl.

In der Regent Street zwischen Oxford Circus und Piccadilly Circus

REISEPLANUNG & ADRESSEN

DIE STADTVIERTEL IM ÜBERBLICK

Big Ben, Buckingham Palace, die roten Telefonzellen und Doppeldeckerbusse, Norman Fosters »Gurke« und Richard Rogers »Käsereibe« – wer sich in London bereits auskennt, begrüßt seine alten und neuen Symbole wie gute Bekannte.

Für neue Besucher hingegen ist die Orientierung nicht immer einfach. Im Lauf der Jahrhunderte hat die ständig wachsende Hauptstadt immer mehr angrenzende Siedlungen vereinnahmt und wirkt wie ein zufällig entstandener Flickenteppich. Das kosmopolitische Zentrum ist umgeben von Vororten, die sich vielfach ihren spezifischen, oft immer noch dörflichen Charakter bewahrt haben.

CITY OF WESTMINSTER

Hier liegt das Herz der Stadt. In der City of Westminster sind die meisten der großen Glanzpunkte auf engem Raum konzentriert. Ihren Dreh- und Angelpunkt bildet das historische Regierungsviertel mit den Parlamentsgebäuden und der Westminster Abbey. Nur etwa zehn Gehminuten entfernt liegt das markante Denkmal der alten britischen Seemacht und ihrer Helden: Trafalgar Square.

Wenn gerade kein Markt ist, geht es in der Portobello Road gelassen zu

Die Großen der Kunst sind mit ihren Werken in der National Gallery versammelt, fast nebenan breiten sich die grünen Lungen aus: St. James's Park und Green Park mit dem Buckingham Palace, der Londoner Residenz der Royals.

Weitere Highlights in Westminster sind die Läden, Bars und Restaurants von Soho und Chinatown, die Theaterwelt in Covent Garden, die guten Shoppingadressen in Knightsbridge und Mayfair und nicht zuletzt im Osten das literarische London in Bloomsbury und Fitzrovia mit dem British Museum als strahlendem Fixstern. In nördlicher Richtung liegt der Stadtteil Marylebone mit seinen trendigen Läden, Madame Tussauds Wachsfigurenkabinett und dem Freizeitrefugium Regent's Park.

ROYAL BOROUGH OF KENSINGTON & CHELSEA

Dieser Stadtteil am westlichen Rand der Innenstadt trägt bis heute – und dies amtlich – das »Royal Borough« im Namen und auf jedem Straßenschild, weil Kensington vormals königlicher Privatbesitz war. Hierzu gehören der Hyde Park (das königliche Jagdrevier von einst) sowie – westlich der Brücke über den Serpentine-See – die Kensington Gardens mit dem Kensington Palace und der Royal Albert Hall.

Andere Attraktionen des Royal Borough sind die Museumsmeile in South Kensington, die schmucken Häuserreihen in Chelsea, die elegante Shoppingadresse Sloane Street und der berühmte Antik- und Trödelmarkt der Portobello Road in Notting Hill. Nicht zu vergessen das stille Idyll des Holland Park.

CITY OF LONDON

Was man im Börsenviertel der City of London (zur Verwaltung › S. 61) entdeckt, ist voll der Kontraste, die Londons große Anziehungskraft ausmachen: die 1694 gegründete Bank of England und der mächtige Kuppelbau der St. Paul's Cathedral, kleine Kirchen aus dem 17. Jh. neben monumentalen Glas- und Betonpalästen, mittelalterliche Atmosphäre in den winkligen Gassen der Inns of Court, dem Quartier der Rechtsanwälte, nostalgische Schenken und hippe Bars rund um den Smithfield Central Market – zeitgeistig Modernes und Historisches.

Ravenmaster Christopher Skaife betreut die sechs zahmen Raben im Tower of London

DAS SÜDUFER DER THEMSE

Im Borough Southwark bietet ein Themsespaziergang nicht nur ein großartiges Citypanorama von den Houses of Parliament bis zum Tower. Auch die Attraktionen der South Bank können sich sehen lassen. Lang ist es her, seit Bankside – im elisabethanischen Zeitalter ein berüchtigtes Rotlichtviertel – von der guten Gesellschaft gemieden wurde. Vorbei am Riesenrad London Eye flaniert man heute die Uferpromenade entlang zum Kulturzentrum der South Bank. Nach der Royal Festival Hall, dem National Theatre und der Hayward Gallery zählen die Kunstgalerie Tate Modern und Shakespeare's Globe Theatre zu den bedeutenden kulturellen Zentren der Stadt. Am Uferweg gen Osten folgen das ehemalige Kriegsschiff HMS Belfast und die hochmoderne City Hall, der Sitz des Stadtparlaments, die legendäre Tower Bridge schon im Blick.

SW1?

Was steckt hinter den mysteriösen Buchstaben-Zahlen-Kombinationen bei jeder Adresse? Die ersten Buchstaben sind zunächst eine geografische Richtungsangabe: EC heißt East Central, WC West Central, N North und NW Northwest. Die Ziffern beziehen sich in der Regel auf die alphabetische Reihenfolge der Distriktnamen.

LONDONS OSTEN

Auch der Stadtteil Tower Hamlets im Osten der Stadt lebt von enormen Gegensätzen, von einer Mischung aus Alt und Neu: Im traditionellen Arbeiter- und Immigrantenbezirk Spitalfields findet man stilgetreu restaurierte Häuser aus dem 17. Jh., während nur zwei Straßen weiter das bunte Ambiente der Curry-Restaurants und Sari-Läden vorherrscht. Hoxton hat sich zum avantgardistischen Künstlerviertel entwickelt, und auch im benachbarten Whitechapel, wo einst Jack the Ripper sein Unwesen trieb, gibt es viele Galerien und Trend-Restaurants.

Südlich dieser alten Viertel ist der Tower of London ein Symbol der Londoner Geschichte. Über den ehemaligen Fischerdörfchen Wapping und Limehouse östlich der Tower Bridge liegt noch ein Hauch des alten Hafenzaubers, während sich im Neubaukomplex Canary Wharf im Herzen der Docklands große internationale Banken niedergelassen haben. Und auf der anderen Seite der Themse glänzt Greenwich, ein faszinierendes Ensemble maritimer und königlicher Denkmäler, die zum UNESCO-Weltkulturerbe gehören, darunter das National Maritime Museum und das Royal Observatory, durch das der Nullmeridian verläuft.

KLIMA & REISEZEIT

Das Wetter ist das wichtigste Gesprächsthema in Großbritannien. Jede Konversation beginnt unweigerlich mit dem Ritual »Lovely day, isn't it?« oder – bei schlechtem Wetter – »Nasty day, isn't it?« (Die korrekte Antwort lautet »Isn't it lovely?« oder gegebenenfalls »Isn't it nasty?«)

Die bekannte Wechselhaftigkeit speziell des Londoner Klimas rührt von der Lage der britischen Hauptinsel zwischen zwei Meeren und der Nähe der Stadt zur Themsemündung her. Der Golfstrom sorgt für meist milde Winter mit kurzen Frostperioden. Grundsätzlich gleicht das Londoner Klima am ehesten dem in Norddeutschland. Der Klimawandel bringt es allerdings mit sich, dass auch in der britischen Hauptstadt die Temperaturen auf bis zu 30 °C klettern können. Im Frühling und Herbst ist London daher klimatisch am angenehmsten zu erkunden. Überschwemmt von Touristen wird die Stadt zu Ostern und anderen Feiertagen, überraschend still und verkehrsarm ist sie hingegen im August: Während der Sommerferien ab etwa der zweiten Julihälfte bis gegen Ende September sind viele Londoner verreist.

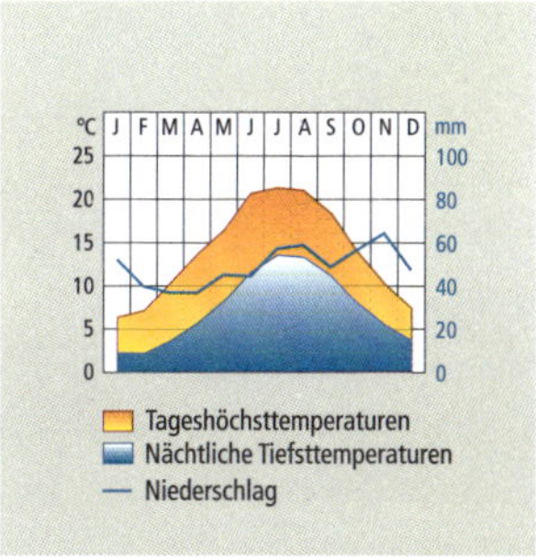

Als Touristenmagnet fungiert London quasi das ganz Jahr, doch der Notting Hill Carnival im August › S. 69 übt besonders große Anziehungskraft aus. Wer ihn miterleben möchte, sollte sich möglichst früh eine Unterkunft besorgen.

LONDON FOR LESS

KREUZ UND QUER DURCH DIE STADT

Nicht alles in London muss teuer sein. Eine Stadtrundfahrt geht ins Geld, aber der **Ausflug mit einem normalen Doppeldeckerbus** – vielleicht auf der Route 11 vom Sloane Square vorbei an Westminster Abbey, Big Ben und Trafalgar Square bis zur Bank of England – kostet nicht mehr als ein Tagesticket, z. B. die Off-Peak Day Travelcard › S. 32, gültig ab 9.30 Uhr.

- **Transport for London**
  Infos über Busrouten und Preise.
  www.tfl.gov.uk

FÜR JEDES INTERESSE

Der Eintritt zu vielen Touristenattraktionen ist hoch. Was leicht übersehen wird, sind die zahlreichen kostenlosen Glanzpunkte.

Die kostenlose Tageszeitung **Evening Standard** und der Onlinedienst **Time Out** (www.timeout.com/london) informieren über Theateraufführungen, Konzerte und Gratisvorstellungen in London.

Es kostet nur Zeit, einen großen Strafprozess im **Central Criminal Court,** dem legendären Old Bailey, zu verfolgen. Passend zum Thema: die **Inns of Court,** das bereits im Mittelalter entstandene Viertel der Anwaltskanzleien. Dort herumzubummeln gewährt faszinierende Einblicke in das Arbeitsleben der Anwälte (Ⓤ Temple).

Ferner können Besucher – ohne Eintritt zu bezahlen – den mitunter höchst unterhaltsamen Debatten im **Unter- und Oberhaus** zuhören. Besonders gut besucht sind die Fragestunden *(Question Time).*

Palastwachen paradieren über die Brücke im St. James's Park

- **Old Bailey** J3
  Newgate St., EC4 | Ⓤ St. Paul's
  Tel. 020-7248 3277
  www.cityoflondon.gov.uk
  Public Galleries: Mo–Fr 10–13 und 14–16.30 Uhr
- **Houses of Parliament** G4
  Ⓤ Westminster
  www.parliament.uk
  Public Galleries im House of Commons/House of Lords: Mo–Di ab 14.30, Mi ab 11.30/15, Do ab 10.30/11, Fr ab 9.30/10 Uhr

LITERARISCHES

Bei schlechtem Wetter kann man in Piccadilly im Buchladen **Waterstone's** stundenlang stöbern oder den neuesten Bestseller anlesen.

- **Waterstone's** F3
  203 Piccadilly, W1 | Ⓤ Piccadilly
  Tel. 020-7851 2400

SPASS IM FREIEN

Gratis sind die Amüsements der Grünanlagen. Die Brücke im **St. James's Park** › S. 85 bietet einen herrlichen Blick auf den Buckingham Palace (v. a. bei Sonnenuntergang). Zur Mittagszeit kann man durchaus dem einen oder anderen flanierenden Politiker begegnen. Sehenswert ist immer die Zeremonie **Changing the Guard** › S. 87 vor dem Buckingham Palace.

Die **South Bank** › S. 137 lockt mit kostenlosen Theater- und Ausstellungsprogrammen. Musikanten, Jongleure, Zauberkünstler – auch auf der Piazza von **Covent Garden** › S. 94 ist immer etwas los.

- **St. James's Park** F/G4
  The Mall, SW1
  Ⓤ St. James's
  Geöffnet tgl. von Sonnenaufgang bis Sonnenuntergang
- **Changing the Guard** F4
  Buckingham Palace
  Ⓤ St. James's
  www.changing-guard.com
  Tgl. 11 Uhr (Mitte Aug.–Mitte April nur jeden zweiten Tag)
- **South Bank** H4
  Ⓤ Westminster
  www.southbanklondon.com/whatson
- **Covent Garden** G3
  Ⓤ Covent Garden
  www.covent-garden.co.uk

MUSIK- UND THEATER

Lunchtime-Konzerte, mitunter als *recitals* angekündigt, sind in vielen kleineren Kirchen meist kostenlos, die Atmosphäre angenehm ungezwungen.

Die **Royal Opera** › S. 54 verkauft um 10 Uhr morgens 67 preiswerte Tickets. (Studenten zahlen häufig nicht mehr als £ 10). Wer abends ins Theater möchte, kann mit etwas Glück Restkarten für West-End-Shows an der **tkts Half Price Ticket Booth** erstehen. Die Previews neuer Shows kurz vor der Premiere kosten ebenfalls weniger.

- **tkts Half Price Ticket Booth** G3
  Karten für Theater und Ballet zum halben Preis; dazu kommen £ 3 Gebühr.
  Leicester Square
  Ⓤ Leicester Square
  www.tkts.co.uk
  Mo–Sa 10–19, So 11–16.30 Uhr

AUF DEM MUSEUMSTRIP

In der **Tate Modern** heißt es: moderne Kunst zum Nulltarif. Und auch

Auch im British Museum ist der Eintritt frei

in den anderen **staatlichen Museen** ist der Eintritt – außer zu Sonderausstellungen – frei.

Zu den besten freien Attraktionen der Stadt zählt ferner das **Bank of England Museum.** Es informiert über die lange Geschichte der Bank, und man lernt, wie früher Münzen geprägt wurden.

Wer mehrere der großen Attraktionen wie das London Aquarium und den Tower sehen möchte, sollte das Angebot des **London Pass** (mit freier Fahrt zu den Sehenswürdigkeiten per Bus und U-Bahn) erwägen. Infos und Verkauf: Großbritannien-Reiseshop.

- **Bank of England Museum** K3
  Threadneedle St., EC2
  Eingang Bartholomew Lane
  Ⓤ Bank
  Tel. 020-7601 5545
  Mo–Fr 10–17 Uhr
- **London Pass**
  www.londonpass.com; zu bestellen über Großbritannien-Reiseshop
  Dorotheenstr. 54 | 10117 Berlin
  www.visitbritain.org

NOTORISCH TEURE RESTAURANTS?

Auch hier muss man kein Vermögen ausgeben, wenn man zwei Vorspeisen wählt, nur ein Hauptgericht bestellt, sich mittags an ein meist preiswertes *lunch menu* hält oder sich am frühen Abend für ein *pre-theatre menu* entscheidet. Das Londoner Leitungswasser ist exzellent und wird in Restaurants bereitwillig auf den Tisch gestellt, wenn man danach fragt.

Wer britische Hausmannskost probieren möchte: In **Maria's Market Café** mitten im Borough Market kostet eine Riesenportion *bacon & eggs* mit gegrillten Tomaten und Bratkartoffeln nur £ 6. Gratis (und unterhaltsam) ist ein Schwätzchen mit Besitzerin Maria Moruzzi.

- **Maria's Market Café** K4
  Stoney St., SE1 | Ⓤ London Bridge
  Mi und Do 6–16, Fr und Sa 6–16.30 Uhr

SOCIETY FOR FREE

Sie möchten einen Blick auf die feine Gesellschaft Londons werfen? In den Hochämtern des **Brompton Oratory** › S. 110 und von **St. Paul's Cathedral** › S. 124 ist sie meistens präsent, und dann auch in Haute Couture gekleidet.

- **Brompton Oratory** D5
  Brompton Rd.
  Ⓤ South Kensington
  www.bromptonoratory.co.uk
  Hochamt So 11 Uhr
- **St. Paul's Cathedral** J3
  St. Paul's Churchyard
  Ⓤ St. Paul's
  www.st.pauls.co.uk
  Hochamt So 11.30 Uhr

ANREISE

MIT DEM FLUGZEUG

HEATHROW AIRPORT

In Heathrow, 22 km westlich des Zentrums, landen die Linienjets. Im Frühjahr 2008 wurde Londons wichtigster und größter Flughafen um den neuen Terminal 5 erweitert.

- **Flughafeninfo:** Tel. 0844-335 1801, www.heathrowairport.com
- Man kann mit der **U-Bahn** (Piccadilly Line) direkt in die Stadtmitte fahren (Abfahrt alle 4 Min., Dauer ca. 60 Min., £ 6 Einzelfahrt).
- Von Heathrow Central (Terminals 1, 2, 3) fährt der **Heathrow Express** alle 15 Min. nach Paddington Station; die Fahrtzeit beträgt 15 Min. Die Terminals 4 und 5 sind jeweils mit Shuttle-Zügen angeschlossen, Umsteigen in Heathrow Central. Fahrtzeiten nach Paddington 23 Min. (Terminal 4) bzw. 21 Min. (Terminal 5). Hin- und Rückfahrt bei Buchung online oder an der Ticketmaschine £ 37; www.heathrowexpress.com.
- Der Zug **TFL Rail** verbindet die Terminals 1–4 mit Paddington, hält aber mehrmals unterwegs. Fahrtdauer ca. 30 Min., Einzelfahrt £ 10,20; www.tfl.gov.uk/modes/tfl-rail.
- **National-Express-Busse** ab Victoria Coach Station alle 30 Min., Fahrtdauer ca. 55 Min., ab £ 10; www.nationalexpress.com.
- **Taxi:** Fahrtzeit 45–60 Min., ab £ 60.

GATWICK AIRPORT

Dieser internationale Flughafen liegt 42 km südlich von London.

- **Flughafeninfo:** Tel. 0844-892 0322 , www.gatwickairport.com
- Nach Victoria Station fahren die Züge des **Gatwick-Express** in der Zeit von 6 bis 20 Uhr alle 15 Min., 4.30–5.30 bzw. 20.30–0.30 Uhr alle 30 Min.; Fahrzeit 30 Min., einfach £ 19,90 (online £ 17,80).
- Die **Southern-Railways-Züge** verkehren nach Victoria Station; Fahrtzeit 40 Min., ab £ 16,60.
- Die **Thameslink Trains-Züge** verkehren nach St. Pancras (ab £ 10,70 einfach) und Victoria Station (ab £ 16,20).
- **National-Express-Bus** bis Victoria Coach Station, Fahrtdauer 90 Min., ab £ 10.
- **Taxi:** Fahrtzeit 70–80 Min., ab £ 75.

CITY AIRPORT

Er liegt 10 km östlich der City in den Docklands und hat Flugverbindungen zu rund 30 Reisezielen.

- **Flughafeninfo:** Tel. 020-7646 0000, www.londoncityairport.com

- Die Züge der **Docklands Light Railway** fahren zur Ⓤ Bank in der City, Ticketpreis £ 4,90.
- **Taxi:** rund 40 Min. ins West End, ab £ 50.

LUTON AIRPORT

53 km nordwestlich des Zentrums liegt dieser Flughafen.

- **Flughafeninfo:** Tel. 01582-405100, www.london-luton.co.uk
- **Shuttlebusse** fahren alle 10 Min. zum Bahnhof Luton, von dort gehen alle 15–30 Min. Züge nach St. Pancras International (35–60 Min.).
- Mit dem **National-Express-Bus** (Haltebuchten 4, 5 und 6) gelangt man direkt vom Airport in die Innenstadt, Fahrtzeit 90 Min., ab £ 12,00 einfach.
- **Taxi:** 60 Min., ab £ 62.

STANSTED AIRPORT

49 km nordöstlich des Zentrum gelegen, wird er von den großen Billigfluggesellschaften angeflogen.

- **Flughafeninfo:** Tel. 0844-335 1803, www.stanstedairport.com
- Mit dem Zug **Stansted Express** hat man eine gute Verbindung zur Liverpool Street Station, und zwar alle 15–30 Min., Dauer 50 Min., einfach £ 17, hin und zurück £ 29,00; www.stanstedexpress.com. Service ab Liverpool Station 3.40 Uhr (Sa, So ab 4.10) bis 23.25 Uhr. Von Stansted: 5.30–0.30 Uhr, Mo, Fr, So bis 1.30 Uhr.
- Der Bus **Terravision Express Shuttle** (Haltebuchten 13–14) fährt in ca. 75 Min. via Baker Street zur Victoria Coach Station, einfach £ 10, Return-Ticket £ 18; www.terravision.eu.
- **Taxi:** ca. 90 Min., ab £ 65.

MIT DEM AUTO

- **Durch den Kanaltunnel:** Pkw werden bei Calais bzw. Folkestone auf Pendelzüge des Eurotunnel verladen (Vorausbuchung ist billiger). Reine Fahrtzeit 35 Min. Tel. 0810-63 03 04, www.eurotunnel.com.
- **Per Schiff:** Nach wie vor verkehren Autofähren über den Ärmelkanal; die kürzeste Strecke Calais–Dover wird in ca. 1,5 Std. bewältigt. Eine Übersicht über die verschiedenen Fährverbindungen nach Großbritannien bietet www.visitbritain.com.

MIT DEM ZUG

Durchgehende Eurostar-Züge verbinden London St. Pancras International durch den Kanaltunnel mit Brüssel und Paris. Darüber hinaus kann man auch mit dem Zug bis an die Kanalküste fahren und dann auf Fähren umsteigen. Von allen englischen Ankunftshäfen gibt es Anschlusszüge nach London. Auskünfte erteilen Bahn- und Reisebüros.

STADTVERKEHR

U-BAHN: »THE TUBE«

Londons schnellstes und bequemstes Verkehrsmittel umfasst ein Netz von über 4000 km mit 700 Stationen. Fahrscheine gibt es am Schalter oder aus Automaten an den Stationen. Die Tickets muss man während der Fahrt aufheben, sonst kommt man nicht durch die Ausgangssperren!

- **Betriebszeiten:** Mo–Sa 5.30–24, So 7.30–23.30 Uhr. Seit Herbst 2016 gibt es einen »Night Service«: Die wichtigsten U-Bahn-Linien bleiben freitags und samstags die ganze Nacht in Betrieb.
- Die **Docklands Light Railway** (DLR) vom Tower Gateway in die Docklands und über Greenwich bis Lewisham verkehrt Mo–Sa 5.30–0.30, So 7–23.30 Uhr.

BUSSE

Auf den Innenstadtlinien kommen die Busse alle fünf Minuten. Nachtbusse haben ein blaues »N« vor der Nummer; viele verkehren über den Trafalgar Square. Wichtig: Tickets kaufen, bevor man einsteigt und immer mit Handzeichen signalisieren, dass man mitgenommen werden möchte. **Travel Info** zu Bus, U-Bahn und DLR: Tel. 0343-222-1234, www.tfl.gov.uk.

ZU FUSS, MIT DEM RAD, ZU PFERDE

Die Wanderpfade an der Themse sind ideal zum Joggen oder für Spaziergänge. Wanderinformationen für Wege am Fluss findet man unter www.thames-path.org.uk. Über alles, was in London im weitesten Sinn sportlich angeboten wird, von Entspannung pur bis zum Radrennen, informiert www.tfl.gov.uk.

In der Innenstadt gibt es ein Fahrradverleihsystem mit 300 Stationen namens **Santander Cycles** (www.tfl.gov.uk/modes/cycling/santander-cycles). Die **London Bicycle Tour Company** (1a Gabriel's Wharf, 56 Upper Ground, SE1, Tel. 020-7928 6838, www.bicycle.com, Ⓤ Waterloo) organisiert auch geführte Touren, z.B. durch den Hyde Park. Leihräder kosten £ 3,50 pro Std.

Das Angebot der **Reitställe** ist auch für Anfänger geeignet:

- **Stag Lodge Stables** C3
  Robin Hood Gate, Richmond Park, SW15 | Tel 020-8974 6066 | Ⓤ Putney Bridge Station, dann Bus 85 oder 265 | www.ridinginlondon.com | Di, Mi, Fr 9–13, 14–18, Sa, So 8–17 Uhr, im Sommer länger geöffnet, ab £ 45 pro Std.
- **Wimbledon Village Stables**
  24 a/b High Street Wimbledon, SW19 | Tel.020-8946 8579 | Ⓤ Wimbledon www.wvstables.com | Für Nichtmitglieder Mo–Fr 9, 10.15, 11.30 und 14 Uhr 1 Std. Ausritt in einer kleinen Gruppe £ 70

TARIFSYSTEM IM ÖFFENTLICHEN NAHVERKEHR

Die günstige **Visitor Travelcard** berechtigt an 1, 3 oder 7 aufeinanderfolgenden Tagen zur Benutzung aller öffentlichen Verkehrsmittel im Innenstadtbereich. Dazu gibt es Rabattgutscheine für viele Sehenswürdigkeiten, Geschäfte und Restaurants. Man muss die Card über ein Reisebüro zu Hause besorgen (kein Verkauf in GB).

In London kann man an Bahnhöfen, U-Bahnstationen und in Zeitungsläden unterschiedliche **Travelcards** kaufen und damit beliebig oft in U-Bahnen und Busse steigen. An Wochenenden gelten Travelcards ohne Einschränkung, sonst ab 9.30 Uhr (die **Off-Peak Travelcard** gilt nicht für Nachtbusse). Es gibt auch **Weekend** und **Family Travelcards.**

In der Regel noch günstiger ist die **Oyster Card:** Mit dieser wiederaufladbaren Prepaidkarte, die an jeder U-Bahnstation erhältlich ist, sind alle Fahrten mit dem Bus oder der U-Bahn um die Hälfte billiger als zum regulären Preis (Details nennt https://oyster.tfl.gov.uk/oyster/entry.do).

TAXIS

Die traditionellen schwarzen *cabs* (teils auch in anderen Farben) sind verlässlicher und nicht immer teurer als *Minicabs* und können auf der Straße herangewinkt werden: www.london-taxi.co.uk

- **Radio Taxis:** Tel. 202-7272 5471
- **Lady Cabs** ist ein Service, der selbst keine Taxis hat, aber solche nur für Frauen vermittelt, Tel. 020-7272 3300
- **Beschwerden:** Tel. 0343-222 4000 oder per E-Mail: TPHintel@tfl.gov.uk.
- **Fundsachen (Lost Property):** 200 Baker Street, NW1, Mo–Fr 8.30 bis 16 Uhr, Tel. 0343-222 1234

AUTOFAHREN IN LONDON

Dass in Großbritannien links gefahren wird, ist bekannt; beachten muss man, dass im Kreisverkehr *(roundabout)* immer »rechts vor links« gilt. Doppelte gelbe Linien und Zickzacklinien markieren ein absolutes Halteverbot.

Ab 18.30 Uhr darf man in der Regel auf einfachen gelben Linien parken. In der Innenstadt hat ein auf SMS basierendes Mobiltelefon-Bezahlsystem die Parkuhren weitgehend ersetzt. Parken Sie nicht, ohne zu bezahlen – die Politessen kennen keine Gnade!

CONGESTION CHARGE

Autofahrer müssen in einem 22 km² großen Gebiet in der Innenstadt Mo–Fr (außer an Feiertagen) für die Zeit von 7–18 Uhr eine »Verschmutzungsgebühr« von £ 11,50 pro Tag zahlen (£ 14 kostet es, wenn man erst am Tag darauf bezahlt). Man kann auch für eine Woche oder einen Monat im Voraus bezahlen, z.B. online oder in Geschäften mit dem CC-Logo: roter Kreis mit weißem »C«. Infos: www.cclondon.com

DREI LONDONER MIT SEELE

Gastlichkeit liegt Charlie Boxer im Blut – Mutter Arabella ist eine bekannte Kochbuchautorin

»ARISTOTELES WAR EIN SPINNER«

Charlie Boxer ist ein Schreiber und Denker, und während er hinter der Ladentheke des Italo, seines Feinkostladens mit Café steht und Parmaschinken schneidet, redet er liebend gern über Philosophie. Manchmal fiedelt er auch auf seiner Geige. »Ich habe ein Buch für Dich«, begrüßt er ein anderes Mal einen Freund und liest gleich eine Passage vor – ungeachtet der Kunden, die darauf warten, bedient zu werden. Die Musik im Hintergrund – sei es der amerikanische Experimentalmusiker Tim Buckley oder gregorianische Choräle – überrascht und bezaubert immer wieder.

Das »Italo« ist das Herz der kleinen Südlondoner Stadtoase Bonnington Square, in der es dank der Initiativen der Bewohner vor jedem Haus grünt und blüht. In der Mitte ist der subtropisch bepflanzte »Community Garden« ein verstecktes Kleinod« – eine abgedroschene Phrase, aber hier stimmt sie.

Ohne Charlie Boxer wäre der Square allerdings um einiges ärmer. Er organisiert die wunderbarsten Dinge, veranstaltet etwa ein Country Dancing draußen vor der Tür oder »Special Dinners« im Laden, bei denen ein Gastkoch in der Küche steht und rund 30 Leute, die sich bislang nicht kannten, an einem langen Tisch italienische Gerichte genießen. Spaß für alle ist garantiert.

- **Italo** € H6
  13 Bonnington Square | Ⓤ Vauxhall
  Tel. 020-7450 3773
  www.italodeli.co.uk
  tgl. tagsüber geöffnet

DER ZAUBER DER TRADITION

Gavin Rankin war schon Geschäftsführer von Londons exklusivsten Privatklubs (u. a. Annabel's und Harry's Bar), bevor er 2004 die Brasserie Bellamy's in Mayfair eröffnete. Hier hat Rankin ein entspanntes Refugium mit simpler französischer Küche und guten Weinen zu (für London) zivilen Preisen geschaffen.

Der elegante Herr mit dem silbergrauem Haar ist ein Old Etonian, also Absolvent des berühmten Eton College. Sein Fingerspitzengefühl im Umgang mit Gästen ist legendär. Diskret geht er von Tisch zu Tisch, ein tägliches Ritual. Sein Team kennt die Wünsche der Stammgäste, und Mr. Rankin selbst entgeht nichts. Ein junges Paar wartet etwas zu lange auf die Speisekarte? »Tisch 5«, sagt er fast unhörbar zu seinem Manager.

»Into my arms«, begrüßt er eine Dame, die er gut kennt. Er begleitet sie und ihre Familie bis nach draußen und hält die Autotür auf. Kurz: Mr. Rankin ist der perfekte Gastgeber. Jeder fühlt sich geborgen und ein bisschen wie zu Hause. Die Premierministerin kommt regelmäßig, auch der eine oder andere Rockstar, der weiß, das hier keiner starrt, keiner tuschelt. Selbst die Queen war schon zweimal da. Was hat sie bestellt? Gavin Rankin ist natürlich viel zu diskret, um es zu verraten.

- **Bellamy's** €€ F3
  18 Bruton Place, W1 | Ⓤ Green Park
  Tel. 020-7491 2727
  www.bellamysrestaurant.co.uk
  So geschl.

ES GEHT NICHTS ÜBER EINE GUTE TASSE TEE

Neulich im Borough Market. Ein gut gekleidetes Ehepaar aus Deutschland schlendert zwischen den vielen Gourmet-Ständen umher und geht dann auf den Tresen von Maria's Market Café zu.

»A nice cup of tea, darlings?«, fragt Maria Moruzzi. Die Herrschaften hätten aber lieber einen Latte Macchiato. »Bei mir gibt es nur Nescafé«, erwidert Maria und schickt sie freundlich zu einem der vielen Cafés mit Zeitgeist-Schick. Sie weigert sich einfach, da mitzumachen.

Bei Maria bekommt man ein klassisches englisches Frühstück mit Eiern, Bratkartoffeln und Speck, und deswegen ist ihr Café inzwischen eine Institution. Ihre Eltern stammen aus einem Dorf bei Parma, aber ein Besuch bei Maria erfüllt die Sehnsucht nach dem Klischeebild von Good Old England. Ob der Kunde am Tresen ein Händler vom Markt oder ein Ex-Finanzminister ist, spielt für sie keine Rolle. Jeder wird gleich behandelt – eine gute alte, urbritische Tradition.

Als Prinz Charles mit Ehefrau Camilla zur Neueröffnung nach der Renovierung zum Borough Market kam, trank er seinen Tee in Maria's Market Café – mit Milch und zwei Stück Zucker. »You are famous«, sagte Camilla zu Maria. »So are you«, gab diese schlagfertig zurück. Sich nicht allzu ernst zu nehmen ist auch ein Talent der Londoner.

- **Maria's Market Café** € K4
  Borough Market | Ⓤ London Bridge
  Mi und Do 6–16, Fr und Sa 6–16.30 Uhr

UNTERKUNFT

Londons Luxusherbergen glänzen mit Eleganz und vollendetem Service. Leider gehören die Zimmerpreise zu den höchsten der Welt.

Zum Übernachtungspreis kommen 20 % Mehrwertsteuer. Aber es gibt mehr und mehr preiswerte Hotels. Viele findet man in der Nähe der Bahnhöfe und des British Museum. Umweltfreundlich arbeitende Häuser bietet www.green-tourism.com/home.

Viele Bed & Breakfast-Häuser sind im Grunde kleine Hotels garni. In teuren Hotels ist das Frühstück meist nicht inbegriffen. Die Marktlücke zwischen Grandhotels und Kettenherbergen schließen kleine exklusive Häuser, vom verspielten *Charming Town House* bis zum großartig gestalteten Hotel. Immer nach Sondertarifen fragen, denn in der Nachsaison oder am Wochenende sind sie durchaus üblich.

Die Webseite www.visitlondon.com bietet eine gute Übersicht über Hotels aller Preisklassen

OBERKLASSE

Brown's Hotel €€€ F4

Manchmal muss Luxus sein. Einer der berühmten Stammgäste war Agatha Christie.

› **mehr S. 12 Punkt 5**

- Albemarle St., W1 | Mayfair
  Ⓤ Green Park | Tel. 020-7493 6020
  www.roccofortehotels.com

Edition €€€ F2

Klassischer Stil britischer Herrenklubs, gekoppelt mit modernen technischen Raffinessen. Unweit des British Museum.

- 10 Berners Street, W1 | Fitzrovia
  Ⓤ Oxford Circus | Tel. 020-7781 0000
  www.edition-hotels.marriott.com

Fleming's €€€ F4

Elegantes Hotel, das sowohl Zimmer als auch Appartements mit voll eingerichteteter Küche bietet.

- 7–12 Half Moon St., W1 | Mayfair
  Ⓤ Green Park | Tel. 020-7499 000
  www.flemings-mayfair.co.uk

Jumeirah Carlton Tower €€€ E5

Zeitlos elegantes, mit viel Liebe zum Detail geführtes Hotel. Designer-Shopping in Knightsbridge liegt vor der Tür. Zu den Highlights gehören der 20 m lange Pool und der Golfsimulator.

- 2 Cadogan Place, SW1 | Knightsbridge
  Ⓤ Knightsbridge
  Tel. 020-7235 1234
  www.jumeirah.com/Carlton-Tower-London

Park Lane Mews €€€ E4

72 Zimmer mit einer Mischung aus antikem Charme und modernem Komfort. Sie sind recht klein. Dafür ist die Lage im glamourösen Mayfair unschlagbar. In Fußnähe: die Cafés und Pubs des atmosphärischen Shepherd Market.

- 2 Stanhope Row, W1
  Mayfair
  Ⓤ Green Park
  Tel. 020-7492 7222
  www. parklanemewshotel.net

The Beaumont €€€ E3

Art Deco-Hotel in bester Shoppinglage. Blickfänger: der expresssonistische Vorbau von Bildhauer Antony Gormley, in dem man auch nächtigen kann.

- 8 Balderton St., W1 | Mayfair
  Tel. 020-7499 1001 | Ⓤ Bond Street
  www.thebaumont.com

The Savoy €€€ H3

Hier lunchte schon Winston Churchill mit seinem Kriegskabinett. Seit 1889 eine britische Institution und nach aufwendiger Renovierung wieder Bühne für den großen Auftritt.

- Strand, WC2 | Covent Garden
  Ⓤ Charing Cross
  Tel. 020-7836 4343
  www.fairmont.com

CHARMING TOWN HOUSES

Boundary €€€ L1/2

Einst viktorianischer Industriebau, heute szeniges Boutiquehotel im East End. Die kreative Avantgarde trifft sich gern im Restaurant oder in der Rooftop-Bar.

- 2–4 Boundary St., E2 | Shoreditch
  Ⓤ Aldgate East | Tel. 020-7729 1051
  http://boundary.london

The Dean Street Townhouse €€€ G3

Ein Glanzstück georgianischer Architektur mit modernem Komfort. Ausgezeichnetes Restaurant.

- 69–71 Dean St., W1 | Soho
  Ⓤ Leicester Square oder Piccadilly
  Tel. 020-434 1775
  www.deanstreettownhouse.com

Charlotte Street Hotel €€–€€€ F2

52 komfortable Zimmer, modern und dennoch mit englischem Flair.

- 15 Charlotte St., W1 | Fitzrovia
  Ⓤ Goodge Street | Tel. 020-7806 2000
  www.firmdale.com

The Fox & Anchor €€–€€€ J2

Wunderbare Lage zwischen den historischen Schenken und trendigen Restaurants des Smithfield-Fleischmarkts. Sechs luxuriöse Zimmer. Kein Lift (die Treppen sind steil).

Rooftop-Bar des Boundary Hotel in Shoreditch

- 115 Charterhouse St., EC1 | Smithfield
  Ⓤ Farringdon | Tel. 020-7250 1300
  www.foxandanchor.com

Z Soho €€–€€€ G3
Stilvolle, modern eingerichtete Zimmer in zwölf umgebauten Häusern aus dem 18. Jh. Dass es weder Restaurant noch Bar gibt, sollte hier, mitten in Soho, kein Problem sein.

- 17 Moor St., W1 | Soho
  Ⓤ Leister Square
  Tel. 020-3551 3700
  www.thezhotels.com

Egerton House Hotel €€ D5
Floraler Chintz und knarrendes Parkett, der Inbegriff des englischen Landhausstils. 30 Zimmer, verteilt auf vier viktorianische Reihenhäuser. Ausgezeichnet für seinen guten Service.

- 17 Egerton Terrace, SW3
  Knightsbridge | Ⓤ South Kensington
  Tel. 020-7589 2412
  www.egertonhousehotel.com

Malmaison €€ J2
Idyllische, ruhige Lage nahe Smithfield Central Market. 97 Zimmer, Brasserie und Bar. Sehr gut geführt.

- 18–21 Charterhouse Square, EC1
  Smithfield | Ⓤ Farringdon oder Barbican
  Tel. 020-3750 9402
  www.malmaison-london.com

Number Sixteen €€ C/D5
Sympathisches kleines Hotel mit 42 Zimmern und schönem Garten. Frischer modern-britischer Stil.

- 16 Sumner Place, SW7
  South Kensington | Ⓤ South Kensington
  Tel. 020-7589 5232
  www.firmdalehotels.com

GUTE LOW-BUDGET-HOTELS

- **Point A Hotel** H4
  Außen wenig ansprechend, aber im Inneren hell und freundlich. Die preiswertesten Zimmer (ab £ 65) haben keine Fenster. Direkt beim London Eye, 10 m von der U-Bahn. Weitere Hotels der Kette befinden sich in Shoreditch, Canary Wharf und nahe der Bahnhöfe King's Cross/St. Pancras, Liverpool Street und Paddington.
  118–120 Westminster Bridge Rd., SE1
  South Bank | Ⓤ Lambeth North
  Tel. 020-7633 9317
  www.pointahotels.com
- **ibis London Excel Docklands** g1
  Gut geführtes Hotel der ibis-Kette, Zimmer ab £ 57 – keine schlechte Wahl, wenn man sich für die Docklands interessiert. Das Zentrum ist mit der U-Bahn ebenfalls leicht zu erreichen.
  9 Western Gateway, Royal Victoria Dock, E16 | Newham
  Ⓤ DLR Custom House
  Tel. 020-7055 2300
  www.ibis.com/london_docklands
- **Hub by Premier Inn** G1
  Sehr gut geführt, mit allen modernen Annehmlichkeiten. Nahe am Eurostar und auch ideal, um das neue Trendviertel King's Cross zu erkunden. Ab £ 88.
  50 Wharfdale Road, N1
  Ⓤ King's Cross
  Tel. 0871-527 9225
  www.premierinn.com/hub/hotels

Einladendes Ambiente im modern eingerichteten B&B Belgravia

PREISWERTE PERLEN

B&B Belgravia €€ E5

Ein wirkliches Juwel, sehr schöne Bäder. Freies Internet in der Lobby, Spielzeug für die Kinder, Haustiere erlaubt. Kein Lift.

- 64–66 Ebury St., SW1 | Belgravia
  Ⓤ Victoria | Tel. 020-7259 8570
  www.bb-belgravia.com

The California €€ G1

»Hier fühlt man sich ganz wie zu Hause«, ist das Motto, und das kleine Hotel mit 66 Zimmern ist wirklich sehr sympathisch. Das »Schwesterhotel« Megaro gleich um die Ecke hat eine coole Bar.

- 4–8 Belgrove Str, WC1 | Ⓤ King's Cross
  Tel. 020-7837 7629 | www.sphg.co.uk

The Royal Foundation of St. Katharine €€ c1

36 komfortable, saubere Zimmer, Bibliothek, Parkanlage, Wintergarten und ein gutes Frühstück. Hier liegt der Akzent wirklich auf Ruhe und Besinnlichkeit: Es gibt nirgendwo Fernseher.

- 2 Butcher Row, E14 | Limehouse
  DLR Limehouse Station | Tel. 0300-111 1147
  www.rfsk.org.uk

The Tommyfield €€ H6

Sauberes, gut ausgestattetes B & B über einem Pub in Südlondon. Man sollte jedoch gut zu Fuß sein: viele Treppen, kein Lift.

- 185 Kennington Lane, SE 11
  Kennington | Ⓤ Kennington
  Tel. 020 7735 1061
  www.thetommyfield.com

Aster House € C/D5

Stadthaus von 1850; üppiges Frühstück im Wintergarten, sehr freundliche Atmosphäre. Mehrmals als bestes Londoner B&B ausgezeichnet. Kein Lift.

- 3 Sumner Place, SW7 | South Kensington
  Ⓤ South Kensington | Tel. 020-7581 5888
  www.asterhouse.com

Fielding Hotel € G3

Direkt bei Covent Garden und den Theatern, trotzdem ruhig; kein Luxus, kleine

Zimmer, aber geschmackvoll und mit viel Charme. Kein Lift.

- 4 Broad Court, Bow St., WC2
  Ⓤ Covent Garden | Tel. 020-7836 8305
  www.thefieldinghotel.co.uk

Harlingford Hotel € G1

Charmantes georgianisches Reihenhaus unweit der Bahnhöfe Euston, King's Cross und St. Pancras International. Kleine, modern eingerichtete Zimmer. Achtung: steile Treppen, kein Aufzug.

- 61 Cartwright Gardens, WC1 | Bloomsbury
  Ⓤ King's Cross oder Euston
  Tel. 020-7387 1551
  www.harlingfordhotel.com

Qbic Hotel London City € L2/3

Bunt und quirlig – ein Budget Hotel, dessen kurioses Design perfekt zur Nachbarschaft passt. Das modische East End mit seinen Boutiquen und Kunstgalerien liegt gleich um die Ecke. Ab £ 80. Manche Zimmer haben keine Fenster.

- 42 Adler St., E1 | Shoreditch
  Ⓤ Aldgate East | Tel. 020-3021 1440
  www.qbichotel.com/london

Premier Inn € K3/4

Direkt an der Themse, neben dem historischen Anchor Pub, in dem die Hotelgäste auch frühstücken.

- 34 Park St., SE1
  Southwark
  Tel. 0871-527 8676
  www.premierinn.com
  Ⓤ London Bridge

APARTMENTS

Onefinestay und **Airbnb**

Für jedes Budget, in allen Stadtteilen: Viele Londoner, die für kürzere oder längere Zeit verreisen, bieten ihre Wohnung für Besucher an. Buchen ist einfach, versprechen die Webseiten, die das ganze Spektrum zeigen.

- www.onefinestay.com
  www.airbnb.co.uk

BED & BREAKFAST

At Home in London

Maggie Dobson organisiert auch Tee und Essen mit englischen Familien, Theaterkarten usw.

- www.athomeinlondon.co.uk

HOTELS ONLINE GÜNSTIGER

- www.LondonTown.com: Die London-Website bietet bis zu 75 % Rabatt mit ihrem Buchungssystem.
- www.wotif.com: Übersichtliche Website mit Hotelbeschreibungen (in Englisch) und bis zu 60 % Rabatt bis zu zwei Wochen im Voraus.
- www.lastminute.com: Deutsches Reiseportal mit Angeboten (Flüge, Hotels, Pauschalreisen) für den jeweils folgenden Monat. Ausführliche Unterkunftsbeschreibungen mit Bild.
- www.discountcityhotels.com: Englische Website mit großem Übernachtungsangebot. Last-Minute-Offerten für die unmittelbar bevorstehenden Tage räumen bis zu 65 % Rabatt ein.
- www.laterooms.com: Bis zu 50 % Rabatt für Unterkünfte in ganz England bei Buchungen bis zu drei Wochen im Voraus.

Sawdays
Vermittelt B&Bs sowohl in zentralen als auch etwas außerhalb liegenden Wohnvierteln. Verlässliche Webseite.
- www.sawdays.co.uk

Visit London
Auch die Webseite der offiziellen Touristenorganisation für London vermittelt B&B-Adressen im gesamten Bereich des Zentrums.
- www.visitlondon.com

STUDENTENHEIME
Diverse Studentenwohnheime bieten in den Trimester- und Sommerferien günstige Zimmer und Apartments an.
- www.londonuniversityrooms.co.uk

ESSEN & TRINKEN

Echte britische Küche ist entweder gut und relativ teuer (wie bei Rules › S. 42 **oder im Pub Chequers Tavern** › S. 84**) oder zünftig und preiswert à la »bangers & mash« (Würstchen mit Kartoffelpüree) und in unzähligen kleinen »Caffs« (Cafés) zu finden.**

In den vielen Bistros und Pubs bekommt man neben guten Sandwiches auch modern-europäische Gerichte. Populär sind **Brasserien** nach französischem Vorbild, die den ganzen Tag – ob zum Frühstück, Nachmittagstee oder Abendessen – geöffnet sind. Und weiterhin im Trend liegen **Gastropubs**, die klassisches Pub-Ambiente mit »entstaubter« britischer Küche kombinieren.

Ferner servieren alle Spitzenrestaurants preiswerte Lunch-Menüs. Überall in der Stadt gibt es Stehimbisse, bei denen man sich an der Theke den

Das Dishoom nahe King's Cross serviert hauptsächlich indische Gerichte

Sandwichbelag aus 20 bis 30 Zutaten aussucht. Die Stadt erfüllt alle kulinarischen Wünsche. Indische Küche ist unter den Ethno-Küchen am häufigsten vertreten; ob chinesisch, äthiopisch, vietnamesisch, afrikanisch oder amerikanisch – es ist alles vorhanden. Der Tipp für Gastro-Enthusiasten: Die Internetportale www.squaremeal.co.uk, www.opentable.co.uk und www.timeout.com/london/restaurants informieren ausführlich über kulinarische Trends. Wichtig: in guten Restaurants stets reservieren.

Eine interessante Entwicklung: Neue Romanzen beginnen auch in London immer häufiger vor der Restauranttür, wo Raucher Gemeinsamkeiten entdecken.

SEHEN UND GESEHEN WERDEN

Scott's €€€ E3

Das Fischrestaurant steht bei der modischen Szene hoch im Kurs. Ob Fischrisotto oder urbritische Fish & Chips – alles ist hier gut. Professioneller Service: Wo findet man schon einen Portier, der einer Dame, die zum Rauchen vor die Tür geht, einen Pashmina reicht?

- 20 Mount St., W1 | Ⓤ Green Park
  Tel. 020-7495 7309
  www.scotts-restaurant.com
  Tgl. geöffnet

The Game Bird €€€ F4

Im Restaurant des versteckt gelegenen kleinen, feinen Stafford Hotel hat Küchenchef James Durrant kein Interesse an innovativen Experimenten. Er serviert klassische britische Gerichte mit Fokus auf saisonalem Wild. > **mehr S. 14 Punkt** ⓭

- 16–18 St. James's Place, SW1
  Ⓤ Green Park oder Piccadilly Circus
  Tel. 020-7518 1234 | www.thestafford.com
  Tgl. geöffnet

Brasserie Zédel €€ F3

Stilvolle Art Deco-Brasserie mit viel Pariser Flair und klassischen Gerichten wie Zwiebelsuppe und Boeuf Bourgignon. Samstags ab Mitternacht »Late Night Music«: Blues, Jazz, Swing; Eintritt frei.

- 20 Sherwood St., W1 | Ⓤ Piccadilly
  Tel/ 020-7734 4888
  www.brasseriezedel.com
  Tgl. geöffnet

Rochelle Canteen €€ L1

Im Hof einer ehemaligen Schule im East End sitzt man zwischen Blumen und Tomatenstauden. Im einstigen Fahrradschuppen wird gekocht und – bei schechtem Wetter – auch gegessen. Modern-britische Küche; Wein bringt man selbst mit.

- Rochelle School, Arnold Circus, E1
  Ⓤ Old Street
  Tel. 020-7729 5677
  www.rochelleschool.org/rochellecanteen
  Tgl. 9–11, 12–15, Do–Sa auch 18–21 Uhr

The German Gymnasium €€ G1

Das Restaurant – von Londons deutscher Gemeinde 1864/65 als Sporthalle gebaut – hat sich der mitteleuropäischen Kaffeehaustradition verschrieben und ist ein beliebter Szenetreff im neuen Trendviertel King's Cross. Ob Münchner Weißwurst, Wiener Schnitzel oder sibirischer Kaviar – es gibt einfach alles.

- King's Boulevard, N1
  Ⓤ King's Cross St. Pancras
  Tel. 020-7287 8000
  www.germangymnasium.com
  Tgl. geöffnet

Das Rules ist ein Klassiker der britischen Gastronomie

BRITISCHE KÜCHE

J Sheekey €€ G3

Eines der besten Fischrestaurants der Stadt, sehr zentral gelegen. Ideal nach einem Kino- oder Theaterbesuch.

- 28–35 St. Martin's Court, WC2
  Ⓤ Leicester Square | Tel. 020-7240 2565
  www.j-sheekey.co.uk
  Tgl. geöffnet

Rules €€ G3

Großes viktorianisches Traditionslokal im Theaterdistrikt. Serviert seit 1798 klassische britische Spezialitäten wie Roast Beef und Wild je nach Saison.

- 35 Maiden Lane, WC2 | Ⓤ Charing Cross
  Tel. 020-7836 5314
  www.rules.co.uk
  Tgl. geöffnet

St. John €€ J2

Ein Mekka für Fleischfreunde; zu den Spezialitäten von Chef Fergus Henderson gehören Innereien wie scharfe Nierchen und zarte Lammzunge.

- 26 St. John St., EC1 | Ⓤ Farringdon
  Tel. 020-7251 0848
  www.stjohnrestaurant.co.uk
  Tgl. geöffnet

The Quality Chop House €€ H2

Kleines, intimes Restaurant mit Weinbar nahe dem Trend-Viertel Exmouth Market in Clerkenwell. Modern-britische Gerichte, mit viel Liebe und Sorgfalt zubereitet.

- 88–94 Farringdon Road, EC1
  Ⓤ Farringdon | Tel. 020-7278 1452
  www.thequalitychophouse.com
  Sa, So geschl.

Brunswick House €–€€ G6

Solide englische Küche (etwa Wild- und Bacon-Pastete, Quittentorte mit Mandeln) in einem Kuriositätenladen voller Antiquitäten. Unweit der Tate Britain.

- 30 Wandsworth Rd., SW8
  Ⓤ Vauxhall | Tel. 020-7720 2926
  www.brunswickhouse.co.uk
  Tgl. geöffnet

Seafresh Fish Restaurant € F5
Hier bekommt man Fish & Chips von guter Qualität, daher viele Stammkunden. Ganz hervorragend für den schnellen Imbiss unweit Victoria Station.

- 80–81 Wilton Rd., SW1 | Ⓤ Victoria
  www.seafresh-dining.com
  Tel. 020-7828 0747
  Tgl. geöffnet

ETHNISCHE KÜCHE

Hutong €€€ K4
Exorbitant teuer, dafür hat man im 33. Stock des Shard ein atemberaubendes London-Panorama und bekommt Spezialitäten aus dem Norden und Südwesten Chinas serviert, etwa gegrillte mongolische Lammrippen.

- The Shard, Level 33, 21 St. Thomas St., SE1
  Ⓤ London Bridge
  Tel. 020-3011 1257
  www.hutong.co.uk
  Tgl. geöffnet

Café Boheme €€–€€€ G3
Oh la la! Hier tobt das Leben. Leute gucken, Livejazz, Croque Monsieur oder Moule Mariniere – dies ist eine klassische französische Brasserie mit viel Esprit mitten in Soho.

- 13 Old Compton St., W1
  Ⓤ Piccadilly Circus | Tel. 020-7734 0623,
  www.cafeboheme.co.uk
  Tgl. geöffnet

Nobu Berkeley Street €€–€€€ F3
Perfekte japanische Küche in Mayfair. Die Bar im Parterre ist beliebt für Sushi und Cocktails. Im Restaurant darüber sollten Sie unbedingt die Bento Box (eine Auswahl der populärsten Gerichte) probieren.

- 15 Berkeley St., W1 | Ⓤ Green Park
  Tel. 020-7290 9222
  www.noburestaurants.com
  Tgl. geöffnet

Tamarind €€–€€€ E/F4
Exzellente nord- und südindische Küche; eine große Auswahl an regionalen Gerichten. Ideal für Vegetarier.

- 20–22 Queen St., W1 | Ⓤ Green Park
  Tel. 020-629 3561
  www.tamarindrestaurant.com
  Tgl. geöffnet

Dishoom €€ C6
Inspiriert von den kleinen Straßencafes in Mumbai, gibt es hier indische Klassiker wie Nimbu Pani (erfrischender Limettendrink), vegetarische Curries oder Biryanis (Reisgericht mit Lamm, Hühnchen oder Jackfrucht).

- 5 Stable St., N1 | Ⓤ King's Cross
  Tel. 020-74 20 93 21
  www.dishoom.com
  Tgl. geöffnet

Mandalay Golden Myanmar €€
Unprätentiöses, immer verlässliches Restaurant mit authentischer birmanischer Küche. Fisch Curry oder Lamm mit Tamarind Sauce sind sehr populär, also rechtzeitig buchen.

- 302 Kilburn High St., NW6 | Ⓤ Kilburn
  Tel. 0203-609 0692
  www.mandalayway.com/restaurant.html
  So geschl.

Mon Plaisir €€ G3
Gauloise-Werbung und Pariser Metropläne an der Wand – dies ist Londons ältestes französisches Restaurant. Intim und klein. Bistro-Gerichte wie Coq au Vin oder Steak Frites. Ein Klassiker.

- 19–21 Monmouth St., WC2
  Ⓤ Covent Garden

Tel. 020-7836 7243
www.monplaisir.co.uk
So geschl.

Moro €€ H1

Mehrfach ausgezeichnetes Restaurant mit spanisch-nordafrikanischer Küche in Clerkenwell. Tapas, Rote-Bete- und Mandel-Suppe, Joghurt-Kuchen mit Pistazien und Granatapfel: Das Kochbuch dazu wird im Restaurant verkauft. Bei gutem Wetter Tische im Freien.

- 34–36 Exmouth Market, EC1
  Ⓤ Farringdon
  Tel. 020-7833 8336
  www.moro.co.uk
  So geschl.

NACHMITTAGSTEE

Alle Grandhotels servieren ihn mit großem Ritual und meist nicht unter £ 40. Legendär ist der Afternoon Tea im English Tea Room des **Brown's Hotel** › S. 35. Im Voraus zu reservieren ist ratsam.

Kaufhausrestaurants bieten ebenfalls »Tea and Crumpets« (Hefegebäck) an, bei **Harrods** › S. 109 sind die pastellfarbenen Makronen der Pariser Konditorei Ladurée beliebte Köstlichkeiten zum Tee.

Gute Museumscafés findet man in der **Royal Academy** › S. 82 sowie im **Victoria & Albert Museum** › S. 111. Leckeres Gebäck verführt in den Geschäften der **Patisserie Valerie,** beispielsweise in Belgravia (17 Motcomb St., W1) E4.

Maroush Gardens €€ D3

Libanesisches Restaurant nahe Marble Arch. 44 Mezze-Gerichte (darunter Hummus und gefüllte Weinblätter), Kebabs vom Lamm oder Huhn, serviert mit Salat und libanesischem Brot.

- 1 Connaught St., W2 | Ⓤ Marble Arch
  Tel. 020-7262 0222
  www.maroush.com
  Tgl. geöffnet

Busaba Chelsea €–€€ C6

Populäres Thai-Restaurant unweit der Themse. Wunderbare Fishcurrys und Gemüsepfannen mit exotischen Gewürzen.

- 358 King's Road, SW3
  Ⓤ Sloane Square
  Tel. 020-7349 5488
  www.busaba.com
  Tgl. geöffnet

Daquise € D5

Das Daquise ist seit über 50 Jahren eine Institution polnischer Küche in South Kensington. Die vielen Stammkunden kommen nicht nur wegen Barszcz (eine Version von Borschtsch) und der riesigen Schnitzel. Die Räumlichkeiten, so ganz ohne Design, repräsentieren eine beruhigende Konstante in einer unsteten Welt.

- 20 Thurloe St., SW7
  Ⓤ South Kensington
  Tel. 020-7589 6117
  www.daquise.co.uk
  Tgl. geöffnet

Mandarin Kitchen € B3

Völlig uncool, aber sehr geschätzt. Der Grund: Hier wird ein sensationeller Hummer mit Ingwer und Nudeln serviert.

- 14–16 Queensway, W2 | Ⓤ Queensway
  Tel. 020-7727 9012
  Tgl. geöffnet

Afternoon Tea in Brown's Hotel in Mayfair

Roka € F2

Rundum verglastes japanisches Restaurant. Unbedingt probieren: Risotto mit Bambussprossen und Riesengarnelen.

- 37 Charlotte St., W1 | Ⓤ Goodge Street
  Tel. 020-7580 6464
  www.rokarestaurant.com
  Tgl. geöffnet

WEINBARS, BARS UND CAFÉS

Aqua The Shard €€ K4

Ein eigener Aufzug saust in die 32. Etage. Oben angekommen, hat man die Wahl: Entweder Dinner in den Wolken (britische Küche) oder einen Cocktail in der großen Atrium-Bar. Das London-Panorama ist umwerfend. Abends ist es hier brechend voll, doch mittags ist weniger los, und der Blick ist ebenso schön. Aufs Äußere wird geachtet: keine Shorts, Flip-Flops oder Sportkleidung.

- 31 St. Thomas St., SE1 | Ⓤ London Bridge
  Tel. 020-3011 1256
  www.aquashard.com
  Tgl. geöffnet

Le Bar €€ J2

Die Weinbar, spezialisiert auf Weine aus Südwestfrankreich, gehört zum renommierten Restaurant Club Gascon nebenan. Von den bequemen Bänken hat man einen guten Blick auf das Treiben rund um den Smithfield Central Market.

- 59 West Smithfield Rd., EC1
  Ⓤ Farringdon | Tel. 020-7600 7561
  www.lebarlondon.co.uk | So geschl.

Gordon's Wine Bar €–€€ G3

Schon Samuel Pepys stieg einst in das schummrige Kellergewölbe unweit von Trafalgar Square hinab. Kerzen flackern, die Wände verschwinden unter Postern und vergilbten Zeitungsartikeln. Die Auswahl an Weinen aus aller Welt ist riesig, die Küche eher schlicht (Salate, kaltes Fleisch); nur ein großes Sortiment an Käse überrascht. Auf jeden Fall: Dies ist ein Juwel.

- 47 Villiers St., WC2 | Ⓤ Charing Cross
  Tel. 020-7930 1408
  www.gordonswinebar.co.uk
  Tgl. geöffnet

THE BEST OF FAST FOOD

- **Pret A Manger** € F5
  Sehr gute Sandwichkette mit ca. 300 Filialen, tgl. geöffnet.
  173 Victoria St., SW1
  Tel. 020-7827 8000
  www.pret.co.uk
- **Carluccio's Caffè** > rechts
- **Leon** € F3
  Der Trend zum gesunden Essen hat auch das Fast Food erreicht. Hier locken Joghurt und Fruchtsäfte, Avocado- und Bacon-Salat oder marokkanischer Couscous. 28 Filialen, tgl. geöffnet.
  35 Great Marlborough St., W1
  Tel. 020-7734 8057
  www.leon.co/restaurants
- **Masala Zone** € F3
  Gute indische Küche nach dem Konzept japanischer Nudelbars. Mehrere Filialen, tgl. geöffnet.
  9 Marshall St., W1
  Tel. 020-7287 9966
  www.masalazone.com
- **Pizza Express** € A/B4
  Immer verlässlich mit besonderem Menü und Malutensilien für Kinder. Viele Filialen., tgl. geöffnet.
  137 Notting Hill Gate, W11
  Tel. 020-7229 6000
  www.pizzaexpress.com
- **Seafresh Fish Restaurant** > S. 43
- **Wagamama** € K3/4
  Die Mutter aller Nudelbars japanischen Stils. Schneller Service, sehr viele Filialen, tgl. geöffnet.
  1 Clink St., SE1 | Tel. 020-7403 3659
  www.wagamama.com

Vinoteca Wine Bar & Shop €–€€ J2
Direkt beim Smithfield-Fleischgroßmarkt entdeckt man die populärste Weinbar weit und breit: ein kleiner Raum mit ein paar Tischen, einer langgestreckten Bar und einer winzigen Ladenecke. Von den über 200 Weinen werden wöchentlich wechselnd jeweils etwa 25 auch offen ausgeschenkt (ab £ 3,50). Unprätentiöse, herzhafte Gerichte wie Lammbraten mit Chicoree und grünen Bohnen.

- 7 St. John St., EC1 | Ⓤ Farringdon
  Tel. 020-7253 8786
  www.vinoteca.co.uk
  So geschl.

Carluccio's € E3
Viva Italia: sehr populäre Cafékette mit vielen Filialen. Auch empfehlenswert für herzhafte Sandwiches und Pasta.

- St. Christopher's Place, W1
  Ⓤ Bond Street
  Tel. 020-7935 5927
  www.carluccios.com
  Tgl. geöffnet

Vats Winebar € H2
Seit 30 Jahren ein Familienunternehmen, holzgetäfelte Wände, grün gepolsterte Eckbänke, im Winter ein wohliges Kaminfeuer – kein Wunder, dass diese kleine Weinbar zwischen dem British Museum und dem Anwaltsviertel nahe der Fleet Street sowohl von Advokaten als auch von Kunstliebhabern geschätzt wird. Im Angebot sind Gewächse aus Europa und der Neuen Welt, aber der Hauptakzent liegt auf den 50 französischen Weinen. Dazu herzhafte Küche.

- 51 Lamb's Conduit St., WC1N
  Ⓤ Russell Square
  Tel. 020-7242 8963
  So geschl.

PUBS UND GASTROPUBS

Von den vielen Pubs haben diejenigen mit langer Geschichte den größten Charme. Gemeinsam ist allen: Jeder geht hin, ob Straßenkehrer, Botschafter oder Banker. (Allgemeine Öffnungszeiten von Pubs › S. 177).

Mr. Fogg's Residence €€ F3

»I say old chap ...« Phileas Fogg, Jules Vernes Romanfigur von 1873, ist der englische Gentleman schlechthin. Hier wurde seine fiktive Wohnung nachempfunden. Gute Cocktails. Reservieren!

- 15 Bruton Lane, W1 | Ⓤ Green Park
  Tel. 020-7036 0608
  www.mr-foggs.com
  So geschl.

Cat & Mutton €

Historischer East End Pub im Trendviertel Hackney und immer proppenvoll. Aus der Küche kommt die ganze Palette – von britischem Spargel bis hin zu karibischem Hühnchen.

- 76 Broadway Market, E8
  Bahnstation London Fields
  Tel. 020-7249 6555
  www.catandmutton.com
  Tgl. geöffnet

Prospect of Whitby € b1

Etwa seit 1520 betrieben, angeblich der älteste Themse-Pub. Restaurant im ersten Stock mit wunderbarer Aussicht. › **S. 153**

- 57 Wapping Wall E1 | Ⓤ Wapping
  Tel. 020-7481 1095 | Tgl. geöffnet

The Anchor & Hope € J4

Der Star unter den Gastropubs. Simples Interieur, leichte britische Marktküche, z. B. gebratene Scholle mit Lauchgemüse. Keine Tischreservierung.

- 36 The Cut, SE1 | Ⓤ Southwark
  Tel. 020-7928 9898
  Tgl. geöffnet; So nur Lunch, Mo nur Dinner

The Audley € E3

Mayfair ist derzeit in, ob als Location für Pop-Videos oder zum Feierabendtreff in diesem typisch viktorianischen Pub.

- 41–43 Mount St., W1 | Ⓤ Green Park
  Tel. 020-7499 1843
  Tgl. geöffnet

The Footman € F3

Hübscher Traditionspub mitten im feinsten Mayfair und deshalb etwas edler als viele andere Kneipen.

- 5 Charles St. W1 | Ⓤ Green Park
  Tel. 020-7499 2988
  www.thefootmanmayfair.com
  Tgl. geöffnet

The George Inn € K4

Im Sommer kann man sich an den Tischen im schönen Innenhof der letzten von einst Dutzenden von Kutscherherbergen in London niederlassen. Mit Restaurant. › **S. 144**

- 77 Borough High St., SE1
  Ⓤ London Bridge
  Tel. 020-7407 2056
  Tgl. geöffnet

The Grenadier € E4

Einst Stammlokal des Duke of Wellington; angeblich geht einer seiner Offiziere immer noch als Geist um. Real Ale, Bloody Marys und »Beef Wellington« – was will man mehr von einem Pub? › **mehr S. 15 Punkt 20**

- 18 Wilton Row, SW1 | Ⓤ Hyde Park Corner
  Tel. 020-7235 3074
  www.grenadierbelgravia.com
  Tgl. geöffnet

CRÈME BRÛLÉE IM GOTTESHAUS

Café in the Crypt in St. Martin-in-the-Fields

Seit Jesus Wasser in Wein verwandelte, ist bekannt, dass er eine gute Party zu schätzen wusste. In London ist eine Reihe von Kirchen auch in dieser Hinsicht in seine Fußstapfen getreten und in die Gastronomie eingestiegen.

Manchmal wird das Gebäude aber auch nicht mehr für den ursprünglichen Zweck genutzt wie im Fall von **St. John's** › S. 78: Die barocke Kirche wurde im Zweiten Weltkrieg durch einen Bombenangriff schwer beschädigt und in den 1960er-Jahren als Konzertsaal für klassische Musik wieder instandgesetzt.

Das **Footstool Restaurant** in der ehemaligen Krypta bietet heute nicht nur für Konzertbesucher eine gute Küche, sondern wird auch von den Angestellten der umliegenden Büros und Besuchern der nahen Tate Britain frequentiert.

- **Footstool Restaurant** G5
  Lunch Mo–Fr 8.30–17 Uhr. Wenn Konzerte stattfinden, bis nach deren Ende geöffnet. Sa + Fei 2 Std. vor Konzertbeginn geöffnet. So ab 13 Uhr bis 1,5 Std. vor einem Abendkonzert.
  Hauptgerichte ab £ 15.
  St. John's Smith Sqare, SW1
  Ⓤ Westminster
  Tel. 020-7222 2779
  www.sjss.org.uk/footstool-restaurant

Wirklich stimmungsvoll und dazu noch völlig allürenfrei ist das **Café in the Crypt** der Kirche **St. Martin-in-the-Fields** › S. 75. Die Gemeinde kümmert sich heute um Obdachlose, organisiert kostenlose Lunchtime-Konzerte und veranstaltet abends Barockkonzerte.

Das recht große Café in der Krypta ist überraschend still und entspannend. Warmes Essen wie überbackene Pasta oder geräucherter Fisch mit Salat, preiswerte Sandwiches und köstliche Schokomuffins wählt man an der Theke aus und sucht sich dann selbst einen freien Tisch.

- **Café in the Crypt** G3
  Mo, Di 10–20, Mi 10–22.30, Do–Sa 10–21, So 11–18 Uhr.
  Hauptgerichte ab £ 8,95
  Bei gutem Wetter auch al fresco.
  Duncannon St./Innenhof, WC2
  Ⓤ Charing Cross
  Tel. 020-7766 1158
  www.stmartin-in-the-fields.org/visit/cafe-in-the-crypt

Ebenso gut ist die modern-britische Küche des **Café Below** in der Kirche **St. Mary-le-Bow** › S. 135. Inzwischen ist die normannische Krypta bei den Angestellten naher Büros bestens bekannt: für Bircher Müsli zum Frühstück, Apfelkuchen zum Tee oder Steak zum Abendessen.

- **Café Below** K3
  Mo–Fr 7.30–10 und 11.30–15.30 Uhr.
  Hauptgerichte £ 12–15,50.
  St. Mary-le-Bow, Cheapside, EC2
  Ⓤ Bank oder St. Paul's
  Tel. 020-7329 0789
  www.cafebelow.co.uk

Das Restaurant der **St. Paul's Cathedral** › S. 124, **The Crypt**, befindet sich im stimmungsvollen Gewölbe mit den Marmorstatuen prominenter Briten. Mittags werden Suppen, Salate und Hauptgerichte ab £ 8 angeboten. Der traditionelle Nachmittagstee kostet £ 24 pro Person, mit einem Glas Champagner £ 34.

- **The Crypt** J3
  Mo–Fr 9–17 Uhr
  St. Paul's Cathedral, Warwick Lane, EC4
  Ⓤ St. Paul's
  Tel. 020-7236 4128,
  www.searcysstpauls.co.uk/the-crypt

Christ Church › S. 150 in Spitalfields zählt zu Londons beeindruckendsten Kirchen. Auf dem Old Spitalfields Market gegenüber ist immer viel Betrieb, und deshalb ist die stimmungsvolle Krypta ein willkommen stilles Refugium. Kaffee, Kuchen, Salate.

- **Café in the Crypt** L2
  Mo–Sa 10–16 Uhr.
  Hauptgerichte £ 6, Sandwiches £ 4,80.
  Christ Church, Commercial Street, E1
  Ⓤ Adgate East
  Tel. 020-7377 6793
  www.spitalfieldsvenue.org

Am Südufer der Themse haben unzählige Cafés eröffnet. Eine empfehlenswerte (und ruhigere) Alternative zu den trendigen Adressen des Viertels ist das Restaurant der **Southwark Cathedral.**

- **The Refectory** K4
  Mo–Fr 9–17.30, Sa, So 9.30–17.30 Uhr.
  Hauptgerichte ab £ 8,95.
  Southwark Cathedral, Montague Close SE1 | Ⓤ London Bridge
  Tel. 020 7367 6728
  www.cathedral.southwark.anglican.org/visiting/the-refectory

SHOPPING

In London nicht dem Kaufrausch zu verfallen, ist schwierig. Die internationalen Couturiers findet man in Knightsbridge, Brompton Cross (Kreuzung Fulham Rd./Brompton Rd.), der Bond Street und der Sloane Street.

Britische Modeschöpfer residieren am Beauchamp Place, preiswerte Ladenketten in der Oxford Street. Die Avantgarde findet man rechts und links der Brick Lane im East End, maßgearbeitete Tradition für Herren in der Savile Row (Anzüge) und der Jermyn Street (Hemden). Radikal reduziert wird bei den Schlussverkäufen (*sales*) im Januar/Februar und Juni/Juli.

KAUFHÄUSER

Fortnum & Mason F3

Seit 1707 eine Institution. Tee und Kaffee im Erdgeschoss, die erlesenen Delikatessen (> **mehr S. 17 Punkt 32**) eine Etage tiefer. > S. 79

- 181 Piccadilly, W1
  Ⓤ Piccadilly Circus oder Green Park
  www.fortnumandmason.com

Harrods D4

Keine Kirche hat einen so rigiden Dresscode wie Harrods: Hier muss man »schicklich« gekleidet sein. > S. 109

- 87–135 Brompton Rd., SW1
  Ⓤ Knightsbridge

Harvey Nichols D/E4

Designerkleidung auf drei Etagen, Feinkostabteilung und Restaurant im 5. Stock. > S. 109

- 109–125 Knightsbridge, SW1
  Ⓤ Knightsbridge

Liberty F3

Das Beste im Haus mit der pseudo-mittelalterlichen Fassade sind die Abteilungen für Stoffe und Teppiche. > **S. 101**

- 210–220 Regent St., W1
  Ⓤ Oxford Circus

Marks & Spencer E3

C & A auf Britisch. Gute Freizeitkleidung in der Herrenabteilung, populäre Lebensmittelabteilung.

- 458 Oxford St., W1 | Ⓤ Bond Street

Peter Jones E5

Hier kauft die Herzogin von Cambridge ihr Make-up, ihre Mutter findet man eher bei den Deko-Stoffen > S. 114. Das Café im obersten Stock bietet einen schönen Blick über Chelsea. > **mehr S. 15 Punkt 21**

- Sloane Square
  Ⓤ Sloane Square

Selfridges E3

1909 gegründetes Kaufhaus in Toplage; Auswahl und Service sind riesig. Exzellente Parfümerie, fantastische Feinkostabteilung sowie etliche Cafés, Bars und Restaurants.

- 400 Oxford St., W1 | Ⓤ Bond Street
  Mo–Sa 9.30–21, So 11.30–18 Uhr.

Westfield Shopping Centre

Riesiges Shoppingcenter in Westlondon mit mehr als 265 Geschäften nationaler und internationaler Marken, vielfältige Gastronomie inklusive.

- Shepherd's Bush, W12
  Ⓤ Wood Lane

DIE SPEZIALISTEN

Alfred Dunhill E3

Luxus für den Mann von Welt: Zigarren, Leder, Accessoires. Im Obergeschoss gibt es sogar einen klassischen Barbier.

- Bourdon House, 2 Davies St., W1
  Ⓤ Bond Street oder Green Park
  http://world.dunhill.com

Books for Cooks A3

Kultladen mit über 8000 Kochbüchern aus aller Welt. > S. 121

- 4 Blenheim Crescent, W11
  Ⓤ Ladbroke Grove
  www.booksforcooks.com

Cubitts K4

Gute Adresse, wenn man nach originellen Brillengestellen sucht. Gleich beim Borough Market.

- 9 Park St., SE1 | Ⓤ London Bridge
  Tel. 020-7407 6514 | www.cubitts.co.uk

Dover Street Market G3

Der Indoor-Markt in einem sechsstöckigen Gebäude in St. James's ist Londons Trendbarometer. Im Vergleich mit den Kreationen hier wirkt die Mode der Designerboutiquen in der Bond Street fade.

- 18–22 Haymarket, SW1
  Ⓤ Piccadilly
  www.doverstreetmarket.com

James Smith & Sons G2

Wer einen Schirm oder Spazierstock fürs Leben finden möchte, ist in diesem Traditionshaus goldrichtig.

- Hazelwood House, 53 New Oxford St., WC1
  Ⓤ Tottenham Court Road
  www.james-smith.co.uk

Joel & Sons D2

Einfach fantastischer Stoffladen. Erster Stopp der Modedesigner auf der Suche nach exquisiten Textilien.

- 73 Church St., NW8 | Ⓤ Edgware Road
  www.joelandsonfabrics.com

Les Senteurs E5

Sie suchen ein ausgefallenes Parfüm? Hier gibt es alles, auch seltene Marken. Man kann auch Proben bestellen.

Duftende Auswahl: Teeabteilung bei Fortnum & Mason

LONDONER STRASSENMÄRKTE

- **Bermondsey Square Antiques Market** L5
  Mischung aus Marktplatz und Lagerhäusern, ergiebig für Frühaufsteher.
  Bermondsey Square, SE1
  Ⓤ London Bridge | Fr 6–14 Uhr
- **Brick Lane Market**
  Viel Ramsch, aber auch indische Popmusik und exotische Gewürze.
  > S. 149
- **Camden Market**
  Tgl. 10–18 Uhr, am besten aber am Wochenende. Es gibt Trödel, szenige Mode, ethnische Restaurants, Body Piercing ... eigentlich alles.
  Chalk Farm Rd., NW1
  Ⓤ Camden Town oder Chalk Farm
- **Camden Passage** J1
  Malerische Gassen mit Antikläden und Trödelständen. So vormittags gibt es Biolebensmittel.
  Upper St., N1 | Ⓤ Angel
  Mi, Sa 9–18, Fr 10–18, So 11–18 Uhr
- **Columbia Road Market** L1
  Kräuter, Blumen, am Rand viele interessante kleine Läden.
  Columbia Road, E2
  Ⓤ Bethnal Green | So 8–14 Uhr
- **Greenwich Clocktower Market**
  Schöner Antiquitätenmarkt.
  Greenwich High Rd., SE10
  Züge und DLR Greenwich Station
  Sa, So 10–17 Uhr.
- **Portobello Road Market**
  Bunte Mischung von praktisch allem – einfach schön, um Atmosphäre zu genießen. > S. 121

- 71 Elizabeth St., SW1 | Ⓤ Sloane Square
  www.lessenteurs.com

Milroys of Soho G3
Weinspezialist, der zudem ein Sortiment von über 600 Sorten Whisky unterschiedlicher Provenienz führt.
- 3 Greek St., W1
  Ⓤ Tottenham Court Road
  www.milroys.co.uk

Mount Street Printers E3
Klein und fein, wie alles in Mayfair. Erlesene Grußkarten, Notizbücher etc.
- 4 Mount St., W1 | Ⓤ Green Park
  www.mountstreetprinters.com

Ray's Jazz at Foyles Bookshop G3
Fabelhafte Musikabteilung in einem Mega-Bookshop.
- 107 Charing Cross Rd., WC2
  Ⓤ Leicester Square, Ausgang 4

CHARITY SHOPS

Diese Läden verkaufen Spenden für wohltätige Zwecke. V. a. im Mai und September werden viele Kleider aussortiert. Immer auf fehlende Knöpfe, Löcher und andere Fehler achten.

British Red Cross Shop D6
Mitten in Chelsea. Mit etwas Glück kann man Chanel-Handtaschen oder Hemden von Yves Saint Laurent finden.
- 69–71 Old Church St., SW3
  Ⓤ Sloane Sqare
  Tel. 020-7376 7300

Cancer Research UK E2
Kaschmirschals und Designermode, immer in sehr gutem Zustand.
- 24 Marylebone High St., W1
  Tel. 020-7487 4986

Octavia Foundation B4
Auch in die Läden mit den auffälligen roten Fassaden bringen lokale Prominente wie Keira Knightley ihre Designeroutfits, in denen sie bereits fotografiert wurden.
- 203 Kensington High St., W8
  Ⓤ Kensington High Street
  Tel. 020-7937 1256
  www.octaviafoundation.org.uk

Oxfam A3
Die Boutique der Wohltätigkeitsorganisation. Mit etwas Glück: ein Designerkleid für unter £ 50.
- 245 Westbourne Grove, W11
  Ⓤ Notting Hil
  Tel. 020-7229 5000l
  www.oxfam.org.uk

Terrence Higgins Trust F5
Eine gute Adresse in Pimlico. Außer Secondhand-Designermode auch Bücher und Musik.
- 19 Churton St., SW1
  Ⓤ Victoria oder Pimlico
  Tel. 020-7233 8736

AUKTIONSHÄUSER

In den großen Auktionshäusern finden fast täglich Besichtigungen und Versteigerungen statt. > **mehr S. 12 Punkt** ❷

Bonham's F3
- 101 New Bond St., W1
  Ⓤ Bond Street

Christie's F4
- 8 King St., SW1
  Ⓤ Green Park

Phillips F5
- 30 Berkeley Square W1
  Ⓤ Green Park

Sotheby's F3
- 34–35 New Bond St., W1
  Ⓤ Bond Street

Zu zivileren Preisen handelt man in der Filiale von **Christie's** C5 in der Old Brompton Road (Nr. 85, Ⓤ South Kensington) und bei **Lots Road Auctions** (71–73 Lots Rd., SW10, Ⓤ Imperial Wharf).

MUSEUMSLÄDEN

- **National Gallery** > S. 75 und **Tate Britain/Tate Modern** > S. 77, 141: Sehr gut für Kunstbücher, Postkarten, Schreibwaren.
- **Royal Academy of Arts:** Malzubehör, T-Shirts. > **S. 82**
- **Transport Museum:** Modellfahrzeuge. > **S. 95**
- **British Museum:** Nachbildungen ägyptischer Vasen und römischer Kelche, Nachdrucke ausgestellter Kunstwerke. > **S. 96**
- **Victoria & Albert Museum:** Designerschmuck, traditionelle Weihnachtskarten. > **S. 111**
- **Natural History Museum:** Dinosauriermodelle. > **S. 112**
- **Science Museum:** Pädagogische Chemiebaukästen – findet man sonst eher selten. > **S. 112**
- Das **Cartoon Museum** G2 ist eine Fundgrube für Comic Strips (35 Little Russell St., WC1, Ⓤ Holborn).

AM ABEND

Ob Dichterlesungen, Roots & World Music, Straßentheater oder Poloturnier – das Stadtmagazin Time Out informiert weiterhin ausführlich, aber nur noch online. Infospalten auch in Tages- und Sonntagszeitungen.

Eine angenehme Überraschung sind die recht günstigen Karten für klassische Konzerte, selbst bei Gastspielen internationaler Dirigenten und renommierter Solisten. Am billigsten für Theaterkarten ist die **tkts Half Price Ticket Booth** am Leicester Square › S. 27. Im **Royal National Theatre** wird eine Anzahl von Tickets um 10 Uhr morgens am Schalter verkauft. Preview-Tickets (bevor die Kritiker ihr Urteil gefällt haben) und Karten für Matineen sind leichter zu bekommen; allerdings muss man mit der zweiten Besetzung rechnen. Kartenbestellungen lassen sich auch über das Internet organisieren, durch Reisebüros oder Agenturen wie **Ticketmaster**, Tel. 0844-844 0444, oder **Tickets 365**, Tel. 0800-368 7668.

Gehen Sie keinen Schwarzhändlern auf der Straße auf den Leim. Sicher ist, vor Ort das jeweilige Box Office anzurufen, mit Kreditkarte zu bezahlen und Tickets bis 30 Minuten vor Vorstellungsbeginn zu reservieren.

KULTURTEMPEL

Barbican K2
Stammhaus des London Symphony Orchestra. Theater und Konzerte.
- Barbican Centre, Silk St. | Ⓤ Barbican
  Tel. 020-7638 8891
  www.barbican.org.uk

Coliseum G3
Aufführungen der English National Opera und des English National Ballet. Online kann man noch nicht vergebene Plätze für £ 30 kaufen. Platznummer wird drei Tage vor der Vorstellung mitgeteilt.
- St. Martin's Lane, WC2 | Ⓤ Leicester Sq.
  Tel. 020-7845 9300

National Theatre H3/4
Klassische und moderne Produktionen in drei Theatersälen › S. 140.
- South Bank | Ⓤ Waterloo
  Tel. 020-7452 3000
  www.southbankcentre.co.uk

Royal Festival Hall, Queen Elizabeth Hall, Purcell Room H4
Die drei wichtigsten Konzertsäle.
- South Bank, Belvedere Rd.
  Ⓤ Waterloo
  Tel. 020-3879 9555
  www.southbankcentre.co.uk

Royal Opera House G3
Auch Aufführungen des Royal Ballet. Es werden auch Touren für einen Blick hinter die Kulissen angeboten.
- Bow St. | Covent Garden, WC2
  Ⓤ Covent Garden
  Tel. 020-7212 9353
  www.roh.org.uk

Sadler's Wells Theatre J1
Experimentelle Tanzgruppen.
- Rosebery Avenue, EC1
  Ⓤ Angel
  Tel. 020-7863 8000
  www.sadlerswells.com

St. John's G5
- Smith Square | Westminster
  › S. 78

Shakespeare's Globe Theatre J3
Theater wie zu Shakespeares Zeiten in rekonstruiertem Theaterhaus.
- New Globe Walk, SE1
  Ⓤ Cannon Street od. Mansion House
  Tel. 020-7902 1400
  www.shakespearesglobe.com

Wigmore Hall E3
Kleiner historischer Saal, wunderbare Kammerkonzerte in guter Akustik.
- 36 Wigmore St., W1
  Ⓤ Bond Street
  Tel. 020-7935 2141
  www.wigmore-hall.org.uk

THEATER

Im **West End** (zwischen Shaftesbury Ave. und Strand) gibt es 44 kommerzielle Schauspielhäuser. Eine Reihe von **Lunchtime-Bühnen** spielt u. a. selten gezeigte Einakter bekannter Dramatiker. Einige der sogenannten **Fringe-Theater** (oft winzige Kellertheater oder Pub-Räume) begeistern mit ihren experimentellen Produktionen.

Almeida Theatre
Stars spielen für Minigagen in diesem Kult-Theater in Islington.
- Almeida St., N1 | Ⓤ Highbury & Islington
  Tel. 020-7359 4404
  www.almeida.co.uk

Aufführung im Globe Theatre

Institute of Contemporary Arts G4
Umfangreiches Programm mit Theateraufführungen, Avantgardefilmen, Vorträgen, Podiumsdiskussionen und Austellungen.
- The Mall, SW1 | Ⓤ Charing Cross
  Tel. 020-7930 3647
  www.ica.org.uk

King's Head Theatre
Wichtige Adresse für experimentelles Theater. Wird 2020 in ein maßgeschneidertes neues Gebäude ein paar Häuser weiter umziehen (131 Upper Street).
- 115 Upper St., N1
  Ⓤ Highbury & Islington
  Tel. 020-7226 8561
  www.kingsheadtheatre.com

MUSICALS

Die Theaterszene ist wohlversorgt mit populären Dauerbrennern wie »Lion King«, »Chicago«, »Matilda« und Andrew Lloyd Webbers bereits seit 32 Jahren in Folge laufendem »Phantom of the Opera«. Opulent in Szene gesetzt sind sie alle, sodass der bisweilen karge Inhalt nicht weiter auffällt. Karten › **S. 54**.

LONDON NIGHTLIFE

Im Allerlei der Londoner Szene gibt es etwas für jeden Geschmack, von **Mainstream** (in einer gepflegten West-End-Bar bei einem Cocktail abhängen oder sich in einer der vielen neuen Rooftop Bars von Londons Skyline berauschen lassen) bis zur **Avantgarde** (sich in coolen Vororten bei elektronischer Musik austoben oder in interaktives Theater eintauchen). Die East-End-Szene ist weiterhin riesig, aber neue Ausläufer gibt es im aufstrebenden Stadtteil Peckham im Südosten der Stadt. Eine weitere aktuelle Tendenz sind Klubs mit DJ-Nächten im Souterrain von Trend-Hotels.

Das Angebot ist enorm: Star-DJs, Live-Auftritte von progressiven Bands, jeder Musikstil wird geboten. Die meisten Klubs wechseln von Nacht zu Nacht Stil und Motto. Viele öffnen bereits ab 18 Uhr, andere erst nach Mitternacht.

Grundsätzlich sollte man dies wissen, sagen Insider: Die besten Events erfährt man nur über Facebook oder Mundpropaganda. Und Beziehungen schaden nicht. Damit dringt man z.B. in den »Secret Room« des Restaurants London Firehouse vor oder kann die Nacht in Londons heißestem Nachtklub durchtanzen (Loulous, nur für Mitglieder und deren Freunde).

Manche Vergnügen sind sogar gratis: Im East End ist es einen Versuch wert, jeden ersten Donnerstag im Monat ein paar der vielen Vernissagen zu besuchen, ein Glas Wein zu kapern und zu fragen, wo man unbedingt hinmuss.

Ihr müsst lauter klatschen! Auftritt des Reggae-Musikers Konshens im Village Underground

TRENDIGE BARS UND PUBS

- **Callou Callay** L1
  Szene-Bar mit vielgelobten Cocktails und einer »geheimen« Schranktür, die zu einer zweiten, stilleren Bar führt.
  65 Rivington St., EC2 | Ⓤ Old Street
  Tel. 020-7739 4781
  Tgl. 18–1 Uhr
- **Frank's Café**
  Dass Peckham hip ist, hat viel mit dieser Bar im 10. Stock eines Parkhauses zu tun. Junge Szene, tolle Aussicht auf London.
  95A Rye Lane, SE15 | Ⓤ Peckham Rye
  www.boldtendencies.com/franks-cafe
  Di/Mi 17–23, Do/Fr 14–23, Sa, So 11–23 Uhr. Nur im Sommer geöffnet, deshalb Webseite checken.
- **The Haggerston**
  Szene-Pub. Sonntags Jazzsessions ab 23 Uhr.
  438 Kingsland Road, E8
  Ⓤ Haggerston | Tel. 020-7923 3206
  Mo–Do 16–1, Fr–So 12–3 Uhr

KLUBS

- **Ace Hotel** L1
  Livemusik und Performance jeden Abend in der Kellerbar Miranda. Eintritt frei.
  100 Shoreditch High St., E1
  Ⓤ Old Street | Tel.020-7613 9800
  www.acehotel.com | mirandalondon.com
- **Notting Hill Arts Club** B3
  Immer gute Musik (u. a. Reggae, Hip Hop, Dubstep). Jeden ersten Sonntag im Monat »Communion«: Neuentdeckungen werden vorgestellt.
  21 Notting Hill Gate, W11
  Ⓤ Notting Hill Gate | Tel. 020-7460 4459
  www.nottinghillartsclub.com
  Mo–Sa 19–2, »Communion« 18.30–1 Uhr. Eintritt vor 23 Uhr ab £ 4, danach £ 8 oder auch – je nach Veranstaltung – frei. »Communion« £ 10.
- **Village Underground** L2
  Musik (Indie, Electronic, Hip Hop), Events, Theater.
  54 Holywell Lane, EC2
  Ⓤ Old Street, Liverpool Street Station
  www.villageunderground.co.uk
  Geöffnet in der Regel 17–24 Uhr.
  Tickets £ 5,50–27,50, je nach Event.

VERSCHIEDENES

- **Brixton Club Nights**
  Brixton gehört zu den Brennpunkten, wenn es um Musik geht. Ständig wechselnde »Hotspots«. Die Webseite www.brixtonbuzz.com informiert.
- **NTS Radio**
  Online Radiostation, neue Sounds und DJs, viel Info über Liveveranstaltungen im Gillett Square (Hackney)
  www.ntslive.co.uk | mixcloud.com
  www.gillettsquare.org.uk
- **You Me Bum Bum Train**
  Theatergruppe für surreale interaktive Happenings, in denen ein einzelner Teilnehmer durch eine Serie von verschiedenen Szenarien geführt wird.
  www.bumbumtrain.com

FRÜHSTÜCK NACH EINER LANGEN PARTYNACHT

- **Brick Lane Beigel Bake** > S. 149
- **Tinseltown** J2
  Diner mit guten Hamburgern und Omelettes nahe Smithfield-Fleischmarkt. Im Hintergrund laufen Hollywoodfilme auf einer großen Leinwand.
  44–46 St. John St., EC1 | Ⓤ Farringdon
  Mo–Sa 12–4, So 12–3 Uhr
- **Vingt-Quatre** C6
  Ein reichhaltiges englisches Frühstück kostet £ 11,50. Rund um die Uhr geöffnet.
  325 Fulham Rd., SW10
  Ⓤ South Kensington

Neal's Yard in Covent Garden,
eine bunte, alternative Oase der Ruhe

LAND & LEUTE

STECKBRIEF

- **Fläche Greater London:** 1572 km²
- **Geografische Lage:** 51°30′ nördl. Breite (wie Berlin), durch Greenwich verläuft der Nullmeridian.
- **Einwohner:** 8,7 Mio.
- **Bevölkerungsdichte:** 4978 Einw./km²
- **Bevölkerung:** rund 30 % der Londoner sind Einwanderer aus anderen Nationen oder stammen von ihnen ab.
- **Sprache:** Englisch; für mehr als 50 % der Grundschüler ist Englisch nicht die Muttersprache.
- **Verwaltungseinheiten:** Die britische Hauptstadt gliedert sich in 32 Stadtbezirke, davon gehören 12 zu Inner und 20 zu Outer London, außerdem die City of London (2,74 km²), die eine eigenständige Einheit darstellt.

- **Landesvorwahl:** 0044
- **Währung:** Britisches Pfund (£, GBP)
- **Zeitzone:** Greenwich Mean Time, d. h. MEZ –1 Std.

LAGE

Im Südosten Englands gelegen, erstreckt sich London, die Hauptstadt des Vereinigten Königreichs, im Wesentlichen westlich des Nullmeridians, der durch Greenwich verläuft. Die römische Keimzelle im Bereich der City, die Mehrzahl der Museen, der Geschäfte und der Restaurants liegen nördlich der Themse, die 64 km weiter östlich in die Nordsee mündet. Allerdings hat das Südufer in den letzten Jahren sehr an Attraktivität gewonnen.

Londoner Wohnhäuser sind meist nur drei- oder vierstöckig. Die Stadt wuchs also nicht in die Höhe wie amerikanische oder asiatische Metropolen, sondern dehnte stattdessen ihre Fläche immer mehr aus. Heute berühren die Außenbezirke Londons die Grafschaften Buckinghamshire, Surrey, Kent, Essex und Hertfordshire.

VERWALTUNGSDSCHUNGEL

Über die Jahrhunderte hinweg wuchs London aus 32 Dörfern zusammen. Als Stadtbezirke bilden sie **Inner** und **Outer London.**

Zu Inner London gehören: Westminster, Kensington & Chelsea, Hammersmith, Camden, Islington, Hackney, Tower Hamlets, Greenwich, Lewisham, Southwark, Lambeth und Wandsworth.

Outer London umfasst: Barking, Barnet, Bexley, Brent, Bromley,

Croydon, Ealing, Enfield, Harrow, Havering, Hillingdon, Hounslow, Kingston-upon-Thames, Lewisham, Merton, Newham, Redbridge, Richmond-upon-Thames, Sutton und Waltham Forest.

Als die konservative Regierung unter Margaret Thatcher nach heftigen Kontroversen im Jahr 1986 die von der Labour Party geführte Behörde *Greater London Council* auflöste, besaß London als einzige Großstadt der Welt keine zentrale Verwaltung mehr.

1998 votierten die Londoner mit 72 % Ja-Stimmen für ein Stadtparlament und einen Oberbürgermeister an der Spitze Großlondons. Die Wahl 2000 gewann der Labourpolitiker Ken Livingstone, der im Jahr 2003 eine Straßenmaut (Congestion Charge › S. 32) für die Innenstadt einführte, von der nur Taxis, Ambulanzfahrzeuge und die Feuerwehr ausgenommen sind.

Nach Skandalen um verschlampte Gelder und Vetternwirtschaft wurde 2008 der Konservative Boris Johnson zum Bürgermeister gewählt. Seine erste Amtshandlung: Er erklärte die U-Bahn zur alkoholfreien Zone. Sein Nachfolger wurde 2016 der pakistanischstämmige Labourpolitiker Sadiq Khan.

Die **City of London** besitzt einen politischen Sonderstatus und verwaltet sich selbst – mit eigener Polizei und einem Bürgermeister, dem Lord Mayor. Den 25 Gemeinden (Wards) steht je ein Alderman vor. Verwaltungsorgan ist der Common Council, der sich aus den 25 Aldermen (aus ihrer Mitte wählen sie den Lord Mayor) und 130 Common Council Men zusammensetzt. Nur 7000 Menschen wohnen in der 2,74 km² großen City, aber ca. 450 000 haben hier ihren Arbeitsplatz – v. a. in Versicherungen, Banken und Handelsfirmen.

WIRTSCHAFT

London ist das Handels- und Verwaltungszentrum Großbritanniens. Die City bildet nach New York und Tokyo den drittgrößten Finanz-, Börsen- und Handelsplatz der Welt. Bemisst man die Wirtschaftskraft am Bruttoinlandsprodukt je Einwohner, so belegt Inner London (242 % des EU-Durchschnitts) den absoluten Spitzenrang, während ein Drittel der Londoner Bezirke zu den ärmsten im Land zählt. Inzwischen wächst in den Golfstaaten Konkurrenz im internationalen Geldhandel heran. Die Finanzkrise von 2008, Bankenskandale und das Referendum zum EU-Austritt (den die Londoner mehrheitlich ablehnten) setzen der Börse schwer zu.

Die meisten Arbeitsplätze bietet der Dienstleistungssektor (72 %): PR- und Werbeagenturen, Infrastrukturplanungsbüros, Software- bzw. Internetfirmen; dazu kommen Einzelhandel und Gastronomie. Die Rezession Ende des 20. Jhs. hat insbesondere die Hightech-Branche gut überstanden. Londons Einnahmen aus dem Tourismus beliefen sich 2017 auf £ 36 Mrd. (in diesem Jahr kamen 31,2 Mio Besucher). Mit Einkünften von über £ 1 Mrd. seit 2003 ist auch die Straßenmaut inzwischen rentabel.

GESCHICHTE IM ÜBERBLICK

1000–200 v. Chr. Keltische Stämme besiedeln das Gebiet.
43–410 n. Chr. (Römerzeit) Gründung von Londinium bei einer Holzbrücke über die Themse.
410–500 London wird erstmals Residenzstadt (ca. 50 000 Einw.).
610 Die erste St. Paul's Cathedral wird als Bischofssitz gegründet. Bis zum 10. Jh. entwickelt sich die Stadt zur reichsten im Land.
1052 Edward der Bekenner baut die Westminster Abbey und einen Palast. Die alte Stadt an der London Bridge wird zum kommerziellen Mittelpunkt, die neue um den Palast der politische und zeremonielle Kern. Das bis heute charakteristische Grundmuster der Stadtstruktur ist so bereits vorgegeben.
1066 William the Conqueror (Wilhelm der Eroberer) siegt bei Hastings. Er gestattet der City of London die Selbstverwaltung.
1215 König John bewilligt den Londonern das Recht zur Wahl eines eigenen Bürgermeisters.
1332 Das House of Commons tritt erstmals zusammen.
1476 William Caxton druckt erste Bücher in London.
1509–1547 Henry VIII gründet die anglikanische Kirche.
1558 Unter Elizabeth I blühen Wissenschaft und Kunst. London erhält eine zentrale Wasserversorgung.
1565 Die Stadt dehnt sich in die umliegenden Gebiete aus (ca. 200 000 Einw.). Zwei Pestepidemien (1563, 1593) fordern insgesamt 31 000 Tote.
1603 Die Pest fordert erneut 30 000 Todesopfer.
1649 Charles I wird hingerichtet; Ausrufung der Republik.
1660 Charles II kehrt aus seinem Exil in Holland zurück (Restaurationszeit).
2.–7. Sept. 1666 Eine riesige Feuersbrunst zerstört 80 % der City.
1738–1750 London wird zum Finanz- und Handelszentrum, No. 10 Downing Street zur Residenz des Premierministers.
1801 Erste offizielle Volkszählung: London hat 859 000 Einwohner.
1808–1820 Ausbau der Londoner Docklands zum größten britischen Hafen.
1836 London Bridge wird Londons erste Eisenbahnstation.
1837 Queen Victoria besteigt den Thron. Unter ihrer Herrschaft erlebt London einen Aufschwung.
1851 Erste Weltausstellung im berühmten Crystal Palace.
1852 Die neuen Houses of Parliament werden eröffnet.
1863 Einweihung der ersten U-Bahn der Welt.
1897 60. Regierungsjubiläum von Queen Victoria. London ist Zentrum des größten Imperiums der Welt.
1901 4 500 000 Einwohner.
1910–1913 Der landesweite Generalstreik paralysiert London.
1914–1918 Im Ersten Weltkrieg sterben 670 Londoner.

1939–1945 Bei deutschen Luftangriffen sterben ca. 30 000 Londoner.
1951 Das künstlerische Festival of Britain motiviert die Bevölkerung in den ersten Nachkriegsjahren.
1965 Verwaltungsreform: Das Greater London Council entsteht.
1968 Streik der Hafen-, Dock- und Fabrikarbeiter. Das öffentliche Leben kommt zum Erliegen.
1981 Unter Margaret Thatcher werden die Docklands zur Spielwiese von Investoren aus aller Welt. Straßenschlachten in Brixton zwischen Polizei und farbiger Bevölkerung.
1986 Das Greater London Council wird aufgelöst.
1990 Schwere Straßenschlachten am Trafalgar Square.
2000 Die Tate Modern wird in der umgebauten Bankside Power Station eröffnet.
2005 Eine Serie von Bombenanschlägen fordert viele Tote und Verletzte. Die weltbekannten Routemaster-Doppeldeckerbusse werden aus dem Linienverkehr gezogen.
2008 Boris Johnson wird Bürgermeister von London und führt ein Fahrrad-Verleihsystem ein.
2010 David Cameron wird mit einer konservativ-liberalen Koalition Premierminister.
2011 Schwere Krawalle erschüttern im August tagelang London und breiten sich auch auf andere englische Städte aus.
2012 London richtet die Olympischen Spiele aus; danach wird die Regenerierung des vernachlässigten Ostens in Angriff genommen.
2016 Mit dem Labour-Politiker Sadiq Khan wird zum ersten Mal ein Muslim Bürgermeister von London. Beim Brexit-Referendum stimmt Greater London mit fast 60 % für den Verbleib.
2018 »Traumhochzeit« von Prinz Harry mit der Amerikanerin Meghan Markle.

DIE MENSCHEN

ETHNISCHE STRUKTUR

Eine der interessantesten Facetten von London ist seine demografische Struktur: Rund 3 Mio. Einwanderer aus aller Welt leben in London (über 30 % der Bevölkerung; zum Vergleich: im Bundesland Berlin lag der Anteil der Ausländer 2017 bei 25 %).

Meist pflegen sie ihre eigenen Sitten, Religionen, Geschäfte und Restaurants: jüdische Mitteleuropäer traditionell im East End und vor allem jetzt in Golders Green, Iren in Finsbury Park. Emigranten aus dem indischen Subkontinent betreiben besonders in Southall viele Geschäfte, Chinesen dominieren die Restaurantszene in Soho. In Notting Hill und Brixton liegen karibische und afrikanische Klänge in der Luft. Viele Italiener, Griechen, Libanesen, Filipinos usw. leben schon in der zweiten oder dritten Generation in London.

SOZIALE PROBLEME

Einwanderer bilden das Rückgrat der Stadt, aber das Misstrauen gegen Muslime führt oft zu Problemen. Die Gewalt unter schwarzen Jugendlichen – meist Mitglieder rivalisierender Gangs – ist ein kritischer Punkt im sozialen Leben der Metropole.

Die Prioritäten des Dienstleistungssektors, einschließlich des Tourismus, der das Zentrum beherrscht, sind umstritten: Während er stetig wächst, wurden neue Industriezweige, die der Bevölkerung Arbeitsplätze bieten, nicht gezielt gefördert. Die glitzernde Fassade der Weltstadt repräsentiert »Big Business«, Macht und Einfluss, während sich in vielen Suburbs Ressentiments angestaut haben.

Generationen schwarzer, aber auch weißer Bewohner sind ohne echte Zukunftsperspektive aufgewachsen. Einerseits Arbeitslosigkeit und hohe Preise, die Einwohner mit niedrigem Einkommen aus ihren Vierteln vertreiben, andererseits raffgierige Politiker und Banker – all das bildet den Hintergrund für die Plünderungen und Brandstiftungen, die ganz England im Sommer 2011 erschütterten.

Der wachsende Unmut über soziale Ungerechtigkeit eskalierte auch wieder 2017, als im Grenfell Tower, einem Hochhaus im Westen Londons, 72 Menschen bei einem Feuer ums Leben kamen. Der Grund für den Großbrand, der in Windeseile das ganze Gebäude erfasst hatte, waren schlechte Bauweise und mangelhafte Brandschutzvorschriften.

KUNST & KULTUR

RÖMISCHE ANFÄNGE (1.–4. JH.)

Erstmals beschreibt der römische Geschichtsschreiber Tacitus den Hafen und die Garnison Londinium als regen Handelsplatz, in dem Latein die offizielle Sprache ist und römische Moden und Sitten den Alltag bestimmen. Die meisten Überreste von Villen, Theatern, Bädern und Mosaiken sind in der City und in Southwark erhalten. Grabungsfunde aus dieser Zeit besitzen das Museum of London und das British Museum.

MITTELALTER (12.–15. JH.)

In Politik, Religion und Handel bilden sich Gepflogenheiten und ein Rechtsverständnis, die aus ihren mittelalterlichen Ursprüngen heraus kontinuierlich weiterentwickelt werden und bis heute Einfluss haben. In der Architektur löst der gotische Baustil den normannischen ab, dessen großartigstes Zeugnis der White Tower ist, der Kern des Tower of London. Doch die Wirren der »Dark Ages« mit Invasionen und Thronfolgekämpfen verhindern eine kulturelle Blüte.

Englische Hochgotik zeigt das Fächergewölbe in der Westminster Abbey

Die besten Beispiele der verschiedenen Ausprägungen des gotischen Stils in London sind Westminster Abbey und die Guildhall. Geoffrey Chaucer schreibt als erster großer Poet Londons die »Canterbury Tales«. Bis in das 12. und 13. Jh., als nur geistliche Musik aufgeschrieben wurde, reicht die Tradition der Chöre der Westminster Abbey und der St. Paul's Cathedral zurück.

TUDORZEIT (16. JH.)

Im Zeichen der Loslösung von Rom entstehen kaum noch Kirchen, dafür umso mehr Schlösser und Landsitze. Henry VIII lässt ein Meisterwerk dieser Epoche bauen: St. James's Palace. Außerhalb des Regiments der Zünfte in der City amüsiert sich das Volk in Southwark mit derben Vergnügungen, aber auch Theater ist populär. Im berühmten »Globe« (halb offen und aus Holz gebaut) und auf anderen Bühnen werden die Stücke Johnsons und Marlowes aufgeführt; William Shakespeare agiert als Schauspieler in seinen eigenen Werken. John Stow beklagt in seinen Schriften den wachsenden Verlust von Feldern und Wiesen.

RESTAURATIONSZEIT (17. JH.)

Zwei Architekten prägen diese Ära: Inigo Jones (vor dem Großen Feuer von London) und Christopher Wren (nach 1666). Im Auftrag Charles' I baut Jones, dessen Vorbild der italienische Baumeister Andrea Palladio ist, die Banqueting Hall in Whitehall, Londons erstes reines Renaissancegebäude. Charles I beauftragt Rubens, die Decke der Banqueting Hall auszumalen. Van Dyck hält das Hofleben auf Leinwand fest und erhält den Titel »Sir«.

Christopher Wren entwirft fünf Tage nach dem Großen Feuer seine Pläne für St. Paul's und weitere 30 Kirchen. Er sieht nach dem Brand die große Chance für eine Neugestaltung der City, scheitert dann aber an der Kurzsichtigkeit der Politiker. Außer den Kirchen werden immerhin das Chelsea Royal Hospital und das Royal Naval College in Greenwich realisiert. Nach der Herrschaft Oliver Cromwells bringt Charles II, der lange in Frankreich am Hof Louis' XIV lebte, Frivolität und enorme Perücken mit aus dem Exil. Der leitende Marinesekretär Samuel Pepys notiert ab 1660 die Skandale und Intrigen der Zeit in einem später veröffentlichten, unterhaltsam zu lesenden Tagebuch. Orlando Gibbons und Henry Purcell transferieren erstmals volkstümliche Balladen in höfische Musik.

GEORGIANISCHE ZEIT (18. JH.)

Geld und Baugrund sind knapp. Bauvorschriften gibt es viele. Diese Einschränkungen resultierten in Neubauten von beispielloser Eleganz und Einfachheit. Als große Architekten prägen John Adam (Portland Place), sein Bruder Robert (Kenwood House), William Kent (Horse Guards), Sir John Soane (Bank of England) und natürlich John Nash in strengem Klassizismus ihre Zeit.

König George IV befasst sich weniger mit Politik als mit den Annehmlichkeiten des Lebens; er beauftragt Nash mit dem Bau der Regent Street und der eleganten Terraces am Regent's Park. Diese schmucken Reihenhäuser sollten dann zum Vorbild für unzählige ähnliche Wohnanlagen im ganzen Land werden.

Jetzt sind es englische Maler wie Gainsborough und Reynolds, die in der Landschaftsmalerei und Porträtkunst den Ton angeben. John Constable beginnt sich mit stimmungsvollen Landschaftsgemälden einen Namen zu machen; William Turner hat seinen Stil bereits von der naturalistischen Wiedergabe zur fast abstrakten Malerei weiterentwickelt.

Der Autor und Anwalt James Boswell (1740–1795) schreibt sein Tagebuch voll von bösem Witz zu Hause in der Downing Street. Die Schriftsteller Dryden, Pope und Swift treffen sich oft bei dem Literaten Dr. Johnson. Händel macht England zu seiner Wahlheimat und leitet ab 1719 die königliche Haymarket-Oper.

Chippendale kombiniert in seinen Möbelentwürfen Formen des Rokoko mit Elementen aus Ostasien und schafft einen eigenen Stil. Konkurrent Hepplewhite betreibt sein Geschäft in Cripplegate.

VIKTORIANISCHES ZEITALTER (19. JH.)

Im 19. Jh. ist London die modernste und größte Stadt der Welt und wächst unaufhaltsam. Im Zeitalter der kühnen Konstruktionen von Bahnhöfen, Brücken und Glaspalästen wie in den Kew Gardens sind in der Architektur zwei Richtungen en vogue: der neugotische Stil (Houses of Parliament von

Augustus Pugin und Charles Barry) und der Neoklassizismus (British Museum von Robert Smirke).

Prinz Albert, der Ehemann von Queen Victoria, hat großes Interesse am Kunsthandwerk (»Arts & Crafts«) und gründet sowohl das Victoria and Albert Museum als auch das Science Museum.

Die Schriftsteller Browning, Tennyson und Thackeray werden berühmt. Oscar Wilde und Bernard Shaw pflegen im Café Royal die Kunst des geistreichen Bonmots. Charles Dickens beschreibt nicht nur in Romanen wie »Oliver Twist« und »Nicholas Nickleby« das trostlose Schattendasein der Bevölkerung in den Londoner Slums, sondern arbeitet auch in Wohnraumkomitees mit.

Gegen Ende der Epoche setzen Kunsthandwerker wie William Morris neue Akzente als Antwort auf die überladene Dekorationssucht der Zeit. In der Malerei findet sich parallel eine von der italienischen Renaissance inspirierte Gruppe von Malern, die Präraffaeliten.

EDWARDIAN AGE (UM 1900)

Der Prince of Wales, später Edward VII, ist ein Lebemann und der Mittelpunkt der vergnügungssüchtigen *Society* vor dem Ersten Weltkrieg. Arthur Liberty baut sein heute berühmtes Kaufhaus im Art-nouveau-Stil und fördert Handwerker, u.a. auch deutsche Möbeldesigner wie z.B. Riemerschmid. Edward Elgar, Komponist des patriotischen »Land of Hope and Glory«, steht im Mittelpunkt des Musiklebens.

20. JAHRHUNDERT

Die Neuzeit beginnt mit den sozialen und ökonomischen Veränderungen nach dem Ersten Weltkrieg. George Orwell, Aldous Huxley, D. H. Lawrence und Bertrand Russell setzen sich in ihren Büchern mit düsteren Zukunftsvisionen auseinander, thematisieren akute soziale Fragen und das Ausgeliefertsein des Einzelnen gegenüber der Gesellschaft.

Die »Bloomsbury Group«, eine Gruppe von Malern und Literaten, deren zentrale Figur Virginia Woolf ist, verficht eine neue Moral ohne viktorianische Enge. Der Einfluss des Weimarer Bauhauses zeigt sich bei den Kaufhäusern Peter Jones und Simpson. Von den Gebäuden, die während des Festival of Britain 1951 errichtet wurden, blieb nur die Royal Festival Hall erhalten. Doch in der Folge des Festivals gewinnen englische Architekten internationales Format: Richard Rogers, Sir Norman Foster und James Stirling sind nur einige berühmte Namen.

In den 1950er-Jahren riskieren die Theater neue Experimente. Das Royal Court Theatre produziert nicht nur die Stücke der Avantgarde-Autoren Pinter und Osborne, sondern auch von Brecht. Die Filmindustrie hat mit den »Ealing Comedies« (heiterer, leichter Unterhaltung) und ihrem Star Alec Guinness Hochkonjunktur.

Anfang der 1960er-Jahre wird »Swinging London« zum Ausdruck einer Avantgarde der Mode, Popmusik, Film und Literatur – eines neuen Lebensgefühls, das von seinen Epizentren Carnaby Street und King's Road weit über die Landesgrenzen hinaus wirkt. Die Beatles singen »Help« und starten ihre Weltkarriere. Francis Bacon und David Hockney werden mit ihrer Malerei weltberühmt.

Punk und Postmoderne sind die Ausdrucksformen der 1980er-Jahre. In den 1990ern prägen zunehmend ethnische Minderheiten die Musik- und Literaturszene. Indischstämmige Schriftsteller wie Salman Rushdie und Vikram Seth beeinflussen die Literatur. Londons Kunst- und Architekturakademien fungieren wie eine Art Vereinte Nationen der Talente.

21. JAHRHUNDERT

Auch zu Beginn des neuen Jahrtausends setzt London bei Popkultur, Design und Mode internationale Trends. Experimentelles Theater gewinnt an Bedeutung. Der Zufluss an zeitgenössischer Kunst aus China in den Galerien deutet darauf hin, dass ein großes Interesse an chinesischer Kultur besteht. In den Museen machen neue Anbauten von namhaften Architekten der Kunst Konkurrenz.

Überall wird viel gebaut: Unaufhörlich schießen Wolkenkratzer aus Stahlbeton und Glas aus dem Boden. Die Skyline der Metropole verändert sich zunehmend. Die vielen Literaturpreise weisen darauf hin, dass auch die englischsprachige Gegenwartsliteratur eine Renaissance erlebt.

FESTE & VERANSTALTUNGEN

Januar: London International Mime Festival: Animation und Marionettentheater an verschiedenen Orten, www.mimelondon.com.

Februar: Chinese New Year in der China Town von Soho.

März/April: Oxford and Cambridge Boat Race: Traditionelle Ruderregatta der beiden Universitäten, www.theboatrace.org. **London Marathon** vom Greenwich Park bis zur Mall, www.virginlondonmarathon.com.

Mai: Chelsea Flower Show: Blumenschau auf dem Gelände des Chelsea Royal Hospital > S. 118. **State Opening of Parliament:** Die Queen eröffnet das Parlament zu Beginn des parlamentarischen Jahres.

Juni: Beating Retreat: Militärparade der Horse Guards in Whitehall, www.army.mod.uk. **Derby:** Berühmtes Pferderennen in Epsom, www.epsomderby.co.uk. **Royal Academy Summer Exhibition:** Große Sonderausstellung zeitgenössischer britischer Künstler bis Mitte August, www.royalacademy.org.uk. **Trooping the Colour:** Geburtstagsparade der Queen, Horse Guards Parade, www.trooping-the-colour.co.uk. **Royal Ascot:** Die Hüte sind so wichtig wie die Pferderennen, www.ascot.co.uk. **Wimbledon Lawn Tennis Championships:**

Die Queen bei ihrer Geburtstagsparade »Trooping the Colour«

Erdbeeren, Champagner, Sport, www.wimbledon.com. **Spitalfields Festival:** Klassik in der Christ Church, www.spitalfieldsfestival.org.uk.

Juli: Somerset House Summer Series: Openairkonzerte und Kino im Innenhof des ehemaligen Tudorpalastes, www.somersethouse.org.uk/music. **BBC Henry Wood Promenade Concerts/The Proms:** Konzertreihe in der Royal Albert Hall, www.bbc.co.uk/proms.

August: Notting Hill Carnival: überschäumender Karneval der Karibik-Briten am letzten Augustwochenende, www.thenottinghillcarnival.com. **London Cycle Festival:** Radfahren im verkehrsfreien Zentrum, www.prudentialridelondon.co.uk.

September: Open House London: An einem Wochenende können sonst nicht zugängliche architektonisch wichtige Gebäude besichtigt werden, www.openhouselondon.org.uk. **Pearly Kings and Queens Harvest Festival:** Am 16. September um 13.30 Uhr versammeln sich die Cockney-Markthändler vor der Guildhall und ziehen zum Gottesdienst in St. Mary-Le-Bow, www.pearlysociety.co.uk.

Oktober: Frieze Art Fair: Kunstmesse im Regent's Park mit vielen internationalen Galerien, www.friezelondon.com.

November: Lord Mayor's Show: Am zweiten Samstag paradiert der neue Lord Mayor durch die City, https://lordmayorsshow.london.

Dezember: New Year's Eve Fireworks: Das spektakuläre Feuerwerk zu Silvester zieht die Menschen in Massen an die Themse, www.london.gov.uk.

INFO:

Für die Chelsea Flower Show, die Proms, Ascot und Wimbledon empfiehlt es sich, Karten frühzeitig zu buchen, entweder online oder über ein Reisebüro.

Vom Hügel in Hampstead aus wirken die Hochhäuser der City wie in einer anderen Welt

TOUREN & SEHENSWERTES

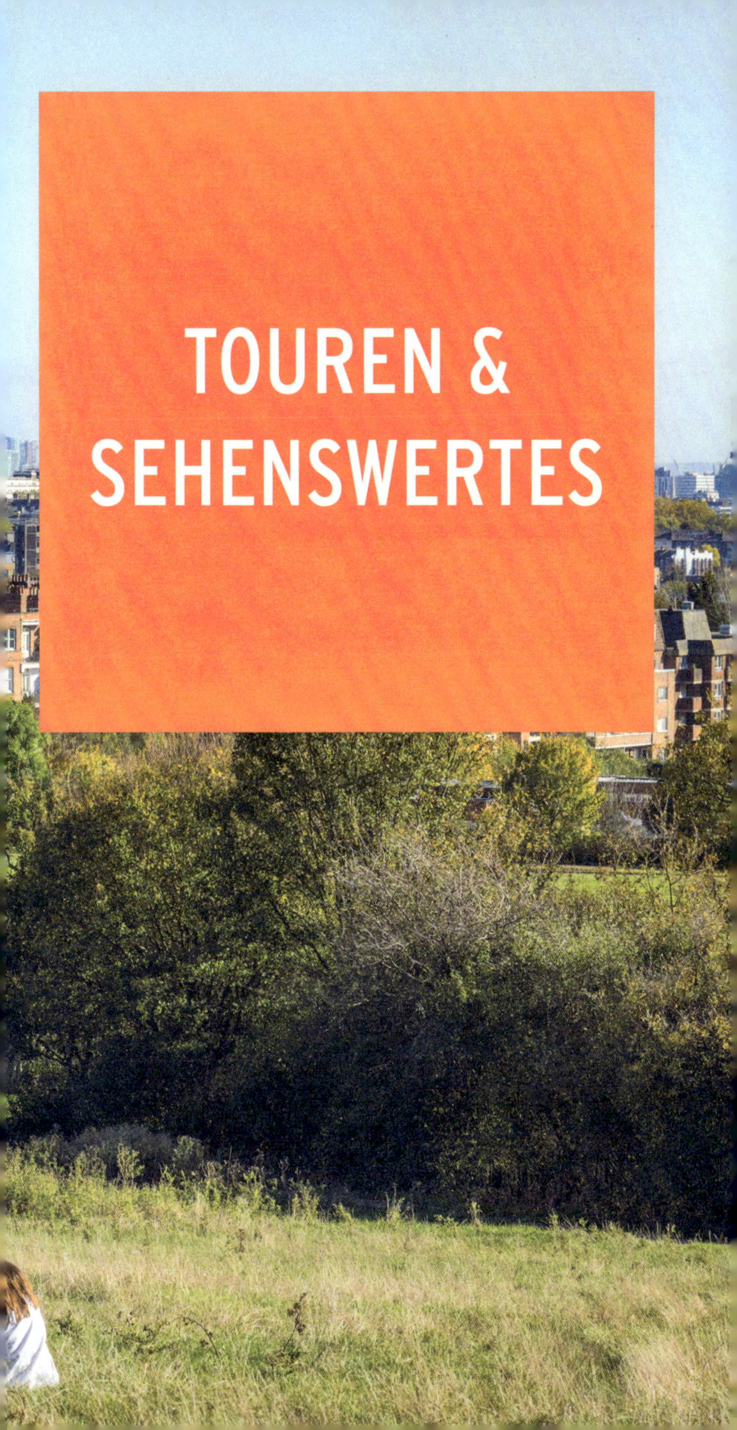

CITY OF WESTMINSTER

Am Victoria Embankment, kurz vor Big Ben und den Houses of Parliament

Westminster hat viel zu bieten: Parks, quirlige Viertel wie Soho und Covent Garden, weltstädtische Einkaufsstraßen in Mayfair, spannende Läden in Marylebone und kulturelle Glanzpunkte wie das British Museum.

Auf knapp 21,5 km² umfasst die faszinierende City of Westminster sowohl den historischen Regierungsbezirk mit den Parlamentsgebäuden und der prächtigen Westminster Abbey als auch so kontrastreiche Viertel wie das noble Mayfair und Soho, einen Brennpunkt des Nachtlebens.

Rings um die Shaftesbury Avenue weisen die Straßenschilder Londons »Theatreland« aus, denn im engen Umkreis sind all die namhaften Musicaltheater und das königliche Opernhaus Covent Garden versammelt. Auch der Buckingham Palace, die Londoner Residenz der königlichen Familie inmitten der grünen Lungen St. James's Park und Green Park, prägt eine Facette der City of Westminster.

Es wäre schade, sich nicht über die breite Shoppingmeile Oxford Street hinauszubewegen, denn in nördlicher Richtung liegt der Stadtteil Marylebone mit seinen teils traditionellen, teils trendigen kleinen Läden, Madame Tussauds Wachsfigurenkabinett und dem Freizeitrefugium Regent's Park mit dem Zoo.

Auf keinen Fall sollte man versäumen, das British Museum mit seiner Fülle an Schätzen zu besuchen. Hier erfährt man alles über die Geschichte der Menschheit und ihre kulturelle Entwicklung.

Einer der letzten unabhängigen Buchläden: Daunt in der Marylebone High Street

Shopping, Nachtleben, Picknick im Park – mit Langeweile ist selbst bei schlechtem Wetter nicht zu rechnen. London hat ein dichtes Nahverkehrsnetz mit vielen Zug- und Busverbindungen. Die Busse bestimmen das Straßenbild und sind spannender als die U-Bahn. Aber mit der *tube*, die eine Anbindung an fast jede wichtige Sehenswürdigkeit hat, kommt man am schnellsten voran.

Sich eine Weile auf die Stufen am Trafalgar Square zu Füßen von Lord Nelson zu setzen und die Menschen zu beobachten ist eines der kostenlosen Vergnügen – und eine perfekte Einstimmung auf die Stadt.

EN IM STADTVIERTEL

TOUR 1

INS ZENTRUM VON WESTMINSTER

VERLAUF: Piccadilly Circus > Chinatown > Leicester Square > Trafalgar Square > Whitehall > Houses of Parliament > Tate Britain > Westminster Abbey > Queen's Gallery und Royal Mews > Victoria Station

KARTE: Seite 80
DAUER: Reine Gehzeit ca. 2 Std.
PRAKTISCHE HINWEISE:

- Start- und Zielpunkt – Ⓤ Piccadilly bzw. Ⓤ Victoria – sind leicht mit der *tube* zu erreichen.
- Wer dem Wachwechsel der Horse Guards um 11 Uhr in Whitehall zusehen möchte, sollte früh starten oder von der Ⓤ Westminster losgehen. Letzter Einlass in die Westminster Abbey ist 15.30 Uhr.
- Piccadilly, China Town und Leicester Square bieten sich an für einen Abendbummel.

TOUR-START: PICCADILLY CIRCUS 1 F/G3 & CHINATOWN

Piccadilly ist nicht nur die Straßenkreuzung Piccadilly Circus, sondern auch der Name des Viertels und seiner Hauptstraße. Der Name stammt vermutlich aus dem 17. Jh., als hier Spitzenkragen, die *piccadells*, verkauft wurden. Fixpunkt ist die Statue des »Engels der christlichen Nächstenliebe«, die alle als Eros kennen. Dem Verkehrslärm zum Trotz treffen sich hier Globetrotter aus aller Welt.

Eros' Pfeil zeigt in die breite, von West-End-Theatern gesäumte **Shaftesbury Avenue.** Biegt man dort rechts in die Wardour Street ein, sieht man erste Straßennamen in chinesischer Schrift und gleich darauf die Pagode am Beginn der Gerrard Street. Dies ist das Herz von **Chinatown** mit eigenen Ärzten, Schulen, Supermärkten, Spezialisten für Kräutermedizin und Telefonzellen im Pagodenstil sowie zahllosen Restaurants. Hier ist jeden Tag Leben bis spät in die Nacht.

Leicester Court führt zum 1630 angelegten **Leicester Square** 2 G3, den heute meist Touristen und Straßenkünstler bevölkern (überwacht von 104 Videokameras). Rund um den begrünten Platz konzentrieren sich die großen Premierenkinos und Mega-Diskotheken.

Wer eine Musik- oder Theateraufführung besuchen möchte, hat gute Chancen, hier Restkarten am **tkts Half Price Ticket Booth** zu ergattern > S. 27.

TRAFALGAR SQUARE 3 G3

Er ist ein Symbol nationalen Stolzes und militärischer Macht. 1830 wurde der weite Platz mit seinen beiden großen Springbrunnen und der Statue des Seehelden Lord Nelson kon-

Manch einer mag darauf warten, dass ihn hier am Piccadilly Circus Eros' Pfeil trifft

zipiert, der 1805 Franzosen und Spanier in der Schlacht von Trafalgar besiegt hatte. Nach der Neugestaltung durch Sir Norman Foster ist der belebte Platz eine grandiose Piazza und Fußgängerzone. An Wochenenden wird er oft zur Bühne für große Events wie dem indischen Diwali-Festival Ende Oktober.

NATIONAL GALLERY

4 1 G3

Die Nordseite des Platzes beherrscht die lange Fassade der Nationalgalerie, die Gemälde aller europäischer Malschulen und Epochen vom 13. bis zum 20. Jh. vereint. › mehr S. 16 Punkt 26 Besonders kostbar sind die Niederländer (Rembrandt, Rubens, van Dyck) und die Werke der italienischen Renaissance (Leonardo, Tizian). Im Sainsbury Wing findet man Werke der Frührenaissance, u. a. Piero della Francescas (um 1420–1492) »Taufe Christi« (tgl. 10–18, Fr 10–21 Uhr; Eintritt frei, außer für Sonderausstellungen, www.nationalgallery.org.uk).

NATIONAL PORTRAIT GALLERY 5 G3

An der Ecke zu Charing Cross präsentiert diese Kunstsammlung ein gemaltes »Who's who« vom Mittelalter bis zur Gegenwart. Mit dem modernen Ondaatje-Flügel entstanden weitere Ausstellungsflächen und das populäre Restaurant **The Portrait** (tgl., €€); dazu gibt es ein nettes Café und einen Buchladen (Galerie tgl. 10–18, Do, Fr bis 21 Uhr, Eintritt frei, außer für Sonderausstellungen, www.npg.org.uk).

ST. MARTIN-IN-THE-FIELDS

6 G3

Flankiert wird der Trafalgar Square von dieser schönen Barockkirche, die 1724 dem hl. Martin von Tours, dem Patron der Armen, geweiht wurde. Bis heute kümmert sich die Gemeinde um Menschen in Not.

Zu den interessanten Veranstaltungen von St. Martin's gehören die stimmungsvollen Barockkonzerte bei Kerzenschein. Bei Kerzenschein dinieren kann man im **Café in the Crypt** › S. 48.

WHITEHALL

Bis Ende des 17. Jhs. war der gesamte Distrikt Whitehall vom Trafalgar Square bis zum Parliament Square ein einziger großer Palast: Whitehall Palace, die Hauptresidenz der Monarchen seit dem 12. Jh. bis zu Henry VIII. Im Jahr 1698 brannte der gesamte Komplex nieder. Mit seinen Gebäuden, Innenhöfen und Marmorstatuen muss der Palast einen grandiosen Anblick geboten haben. Als Modell ist er im Museum of London › S. 131 zu sehen. Heute arbeiten in Whitehall verschiedene Ministerien.

BANQUETING HOUSE 7 G4

Einziges Überbleibsel des alten Palastes ist das von Inigo Jones gebaute Banqueting House, in dem viele offizielle Empfänge stattfinden. Besucher haben Zutritt zur imposanten großen Halle, die mit einem prunkvollen Deckengemälde von Rubens versehen ist. (tgl. 10 bis 17 Uhr, wegen häufiger Änderungen unbedingt vorher anrufen: Tel. 020-3166 6000, www.hrp.org.uk/BanquetingHouse).

HORSE GUARDS 8 G4

Genau gegenüber vom Banqueting House steht man vor den Horse Guards, der Kaserne der »Household Cavalry«.

Die Soldaten dieser 1661 gegründeten Elitetruppe zum Schutz der Monarchen stehen hier in ihren scharlachroten Uniformen und Büschelhelmen in Positur, ohne sich je von den Touristen aus der Ruhe bringen zu lassen. Die Wache wechselt Mo–Sa um 11, So um 10 Uhr.

DOWNING STREET

Seit Mrs. Thatcher mächtige Eisentore errichten ließ, ist die Downing Street, eine Reihe georgianischer Häuser aus dem 17. Jh., für die Öffentlichkeit tabu. Offizielle Residenz des Premierministers ist No. 10 Downing Street, seit Robert Walpole 1732 hier von George II einquartiert wurde. Die unauffällige Fassade mit schlichter Eingangstür ist eine bewusste Irreführung – wie so vieles in England. Dahinter verbirgt sich große Eleganz – und eine Verbindungstür zu No. 11, dem Haus des Finanzministers.

Der nächste Meilenstein entlang von Whitehall ist der **Cenotaph** 9 G4, ein 1919 entworfenes Denkmal für die Toten des Ersten Weltkriegs. Hier findet jedes Jahr im November eine Gedenkfeier statt.

HOUSES OF PARLIAMENT 10 ★ G4

Am Ende des Straßenzugs Whitehall–Parliament Street entfaltet sich ein prachtvolles Bild: der **Parliament Square** mit den Statuen von Winston Churchill und den Premierministern des 19. Jhs. Rechts liegt die Westminster Abbey, davor die kleine Kirche St. Margaret's; links sieht man die Zinnen und Türme von Big Ben, der Westminster Hall und dem Parlamentsgebäude, das Charles Barry zwischen 1847 und 1849 erbaute.

Die Houses of Parliament, offiziell »Westminster Palace«, sind ein 3,2 ha großer Komplex mit elf Innenhöfen und fast 1200 Räumen, die teils zum House of Commons (Unterhaus), teils zum House of Lords (Oberhaus) gehören.

Die fast 770 Jahre ältere **Westminster Hall** 11 G4 (der einzige Teil des ursprünglichen Gebäudes) war früher das Zentrum der Gerichtsbarkeit in London. (Führungen durch die Houses of Parliament finden ganzjährig zwischen 9 und 16.15 Uhr mit wenigen Ausnahmen statt. Vorausbuchung notwendig: Tel. 020-7219 4114 oder – wenn aus dem Ausland – +44-161-425 8677; www.parliament.uk. Zugang zu den Besuchergalerien im Unter-/Oberhaus › S. 26).

Neben dem Parlament ragt der hohe, leicht schiefe Turm von **Big Ben** (offiziell »Elizabeth Tower«) 12 G4 auf, berühmt für sein 13 t schweres Glockenwerk, das seit 1858 jede Stunde schlägt. Wegen Renovierungsarbeiten bleibt es allerdings bis 2021 stumm.

Nach außen hin hat sich das Oberhaus mit dem Victoria Tower am südwestlichen Ende des Gebäudes über die Zeit nicht verändert. Doch in seiner Struktur wurde einiges umgekrempelt: Von den ursprünglich 758 Lords mit ererbten Titeln durften nur 75 bleiben.

Der hübsche **Black Rod Garden** neben dem Victoria Tower ist beliebt bei den Parlamentsreportern, um über das Geschehen »in the House« zu berichten.

Die Wendeltreppe führt vom Foyer der Tate Britain ins Untergeschoss

TATE BRITAIN 13 ★ G5

Vom Parliament Square in südlicher Richtung spaziert man an der Themse zur Galerie Tate Britain. Ihre außergewöhnliche Sammlung umfasst britische Malerei ab dem 16. Jh. und zeitgenössische europäische Kunst › auch S. 141.

In der angrenzenden, von James Stirling gebauten **Clore Gallery** ist die **Turner Collection** untergebracht. William Turner (1775 bis 1851), der Maler unvergleichlicher licht- und farbtrunkener Landschaftsbilder, hinterließ seine Werke dem Staat. Geöffnet tgl. 10 bis 18 Uhr, letzter Einlass zu Ausstellungen 17.15 Uhr. An bestimmten Freitagen gibt es abendliche Vorträge und andere Veranstaltungen. Eintritt frei, außer für Sonderausstellungen, www.tate.org.uk.

Zur Tate Britain gehört neben der **Cafeteria** ein elegantes **Restaurant** mit exzellenter Weinkarte (€€€).

Zu den Galerie-Öffnungszeiten pendelt das **Tate Boat** zwischen Tate Britain und Tate Modern › S. 141, im Sommer mit Halt am London Eye (einfach £ 8,30, Ermäßigung mit Travelcard).

RUND UM SMITH SQUARE

Gegenüber dem Blackrod Garden liegt die stille, mit Gaslampen beleuchtete **Lord North Street.** Hier und in dem Labyrinth kleiner Straßen rundum wohnen vor allem Minister und Parlamentsabgeordnete. Politische Intrigen? Jede Woche gibt es neue, und hier werden sie gesponnen. Mittelpunkt dieses versteckten Winkels ist die ehemalige Barockkirche **St. John's** 14 G5, heute ein Konzertsaal mit dem Restaurant **The Footstool** in der Krypta › S. 48. Tickets: Tel. 020-7222 1061, www.sjss.org.uk.

WESTMINSTER ABBEY

15 2 G4

Die Krönungskirche und Begräbnisstätte der englischen Könige liefert ein prächtiges Beispiel für die gotische Baukunst. Gegründet wurde sie im 11. Jh. von Edward dem Bekenner an der Stelle einer älteren Benediktinerabtei. Schon im Jahr 1298 wurde sie bei einem Feuer weitgehend zerstört, 1388 wieder aufgebaut.

1739 errichtete Nicholas Hawksmoor die beiden stumpfen Westtürme. 1998 wurden die bis dato leer stehenden Nischen an der Westfassade mit zehn neuen Statuen bestückt – Märtyrer des 20. Jhs, darunter Martin Luther King, der Franziskanermönch Maximilian Kolbe und der Widerstandskämpfer Dietrich Bonhöffer.

Hat man das Eintrittsgeld entrichtet, wird man auf einer vorgegebenen Führungslinie durch die Seitenkapellen gelotst, vorbei am rund 700 Jahre alten Coronation Chair (Krönungsthron) und dem Schrein von Edward dem Bekenner zur Lady Chapel von Henry VII.

Unter filigranen Fächergewölben ruhen hier u. a. Elizabeth I und Maria Stuart. Sehenswert ist auch die **Poet's Corner** mit Monumenten zu Ehren von William Shakespeare, John Milton, Lord Byron, John Keats und vielen anderen. (Das Hauptschiff ist in der Regel Mo–Sa 9.30–15.30 Uhr geöffnet, das Abbey Museum Mo–Sa 10.30–16 Uhr, Tel. 020-7222 5152, www.westminster-abbey.org) › mehr S. 17 Punkt 28

An der Westseite der Westminster Abbey führt ein Torweg zu **Dean's Yard,** dem ummauerten Garten des Klosters, in dem Mönche einst eine Schule betrieben. Heute befinden sich in Dean's Yard eine der vornehmsten Privatschulen Englands und das Café Cellarium (Nr. 20).

QUEEN'S GALLERY 16 UND ROYAL MEWS 17 F4

Die Straße Storey's Gate verläuft zwischen der Central Hall und dem hässlichen Queen Elizabeth Conference Centre zur Old Queen Street, durch die man in die verträumte Straße **Queen Anne's Gate** gelangt.

Der nette Pub **Adam and Eve** an der Ecke Petty France/Palmer Street datiert aus dem 17. Jh und ist ein beliebter Treffpunkt für Regierungsbeamte und Armeeoffiziere.

Immer noch im Regierungsviertel gelangt man zur Straße Buckingham Gate und zur **Queen's Gallery.** Die Kunstsammlung der Krone ist exquisit, der exaltierte Portikus enttäuschend (tgl. 10–17.30 Uhr, Einlass bis 16.15 Uhr, www.royalcollection.org.uk).

In den nahen **Royal Mews** mit schönem Innenhof stehen die königlichen Kutschen und die Rösser der Queen neben gut ausgebildeten Polizeipferden (Mitte März–Okt. Mo–Do, Sa, So 10–16, Einlass bis 15.15 Uhr, Aug./Sept. tgl. 10–17, Einlass bis 16.15 Uhr; bei Staatsbesuchen geschl.).

ABSEITS DER TOUR

Innen im neobyzantischen Stil prächtig geschmückt, präsentiert sich die 1895 erbaute katholische **Westminster Cathedral** 18 F5. Mindestens ebenso eindrucksvoll ist der Panoramablick vom 83 m hohen Glockenturm (Lift: Mo–Fr 9.30–17 Uhr, Sa, So und Feiertage 9.30–18 Uhr, www.westminstercathedral.org.uk).

TOUR 2

MAYFAIR & ST. JAMES'S

VERLAUF: Piccadilly › Royal Academy › Grosvenor Square › Shepherd Market › Pall Mall › Buckingham Palace › St.James's Palace › Green Park

KARTE: Seite 80

DAUER: Reine Gehzeit ca. 2 Std.

PRAKTISCHE HINWEISE:

- Von der Ⓤ Green Park, Start- und Endpunkt des Weges, kann man sich aufmachen ins elegante Viertel Mayfair oder morgens gleich quer durch den Park zum Buckingham Palace spazieren, falls man den Wachwechsel vor der Residenz der Queen miterleben möchte.
- Sonntags ist nur ein Schaufensterbummel angesagt.

TOUR-START:

Die Straße Piccadilly trennt das elegante **Mayfair** im Norden, durch das der erste Teil des Spaziergangs führt, vom ebenso distinguierten Viertel **St. James's** südlich. Beide Viertel stehen für London de luxe!

FORTNUM & MASON 19 F3

Zum Frühstück, Lunch oder Nachmittagstee ist 181 Piccadilly eine Topadresse: Der edle Klassiker unter den Kaufhäusern › S. 50 verführt mit einem unglaublichen Angebot an britischen und exotischen Delikatessen. › mehr S. 15 Punkt 19

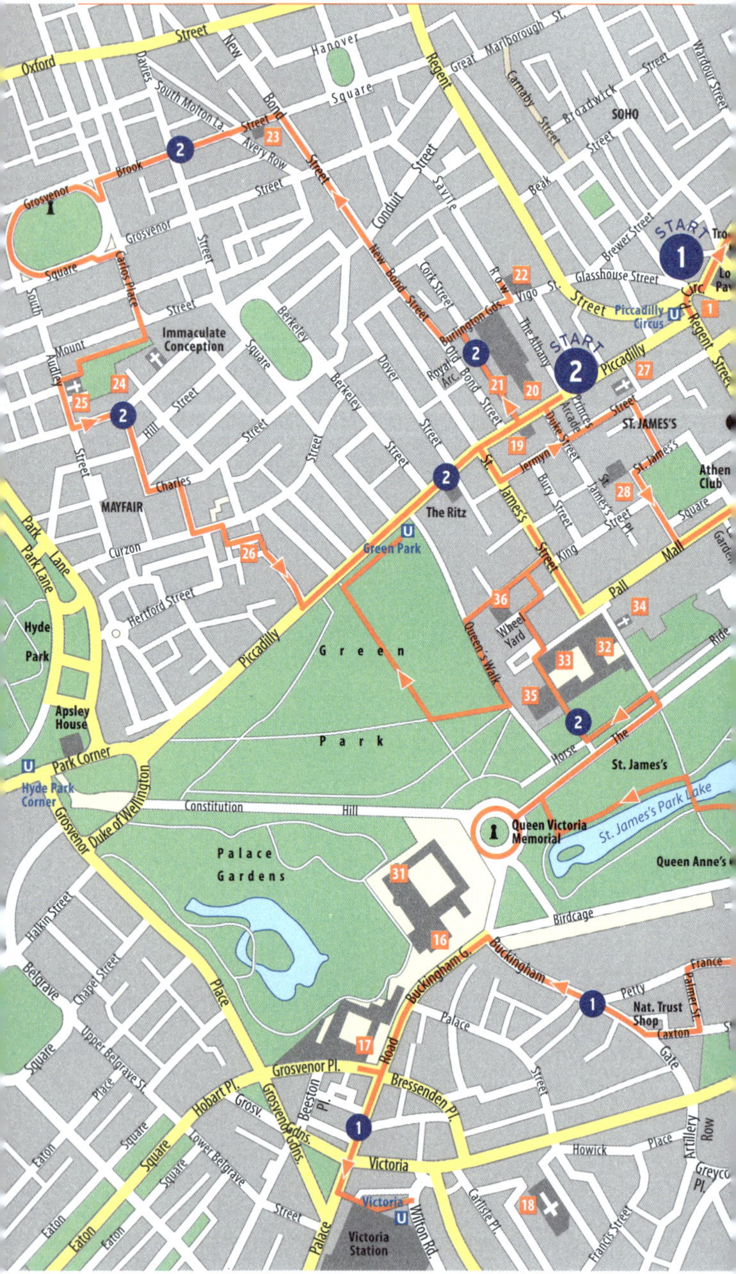
Oxford Street
New Bond Street
Hanover Square
Regent Street
Great Marlborough St.
Carnaby Street
Broadwick Street
SOHO
Wardour Street
Davies Street
South Molton La.
Avery Row
Brook Street
Grosvenor Square
Grosvenor Street
Conduit Street
Savile Row
Beak Street
Brewer Street
START
Glasshouse Street
Piccadilly Circus
Regent Street
Carlos Place
South Audley Street
Mount Street
Immaculate Conception
Berkeley Square
Cork Street
Vigo St.
Burlington Gds.
The Albany
Old Bond Street
Royal Arc.
Dover Street
Berkeley Street
Piccadilly
Princes Arcade
Duke Street
Jermyn Street
ST. JAMES'S
St. James's Square
Athen Club
Hill Street
Charles Street
MAYFAIR
Curzon Street
Hertford Street
Park Lane
Hyde Park
The Ritz
Green Park
St. James's Street
Bury Street
St. James's Pl.
King Street
Pall Mall
Wheel Yard
Queen's Walk
Apsley House
Hyde Park Corner
Park Corner
Duke of Wellington
Grosvenor Place
Constitution Hill
The Horse Ride
St. James's
Queen Victoria Memorial
St. James's Park Lake
Queen Anne's
Palace Gardens
Birdcage Walk
Buckingham Gate
Buckingham G.
Petty France
Palmer St.
Nat. Trust Shop
Caxton Street
Palace Street
Halkin Street
Chapel Street
Belgrave Square
Upper Belgrave St.
Grosvenor Pl.
Hobart Pl.
Grosvenor Gdns.
Beeston Pl.
Bressenden Pl.
Victoria Street
Howick Place
Artillery Row
Greycoat Pl.
Lower Belgrave Street
Eaton Square
Eaton Place
Carlisle Pl.
Francis Street
Wilton Rd.
Victoria
Victoria Station

TOUREN IN DER CITY OF WESTMINSTER

TOUR 1

INS ZENTRUM VON WESTMINSTER

1 Piccadilly Circus
2 Leicester Square
3 Trafalgar Square
4 National Gallery
5 National Portrait Gallery
6 St. Martin-in-the-Fields
7 Banqueting House
8 Horse Guards
9 Cenotaph
10 Houses of Parliament
11 Westminster Hall
12 Big Ben
13 Tate Britain
14 St. John's
15 Westminster Abbey
16 Queen's Gallery
17 Royal Mews
18 Westminster Cathedral

TOUR 2

MAYFAIR & ST. JAMES'S

19 Fortnum & Mason
20 Royal Academy of Arts
21 Burlington Arcade
22 Apple House
23 Händel House Museum
24 Mount Street Garden
25 Grosvenor Chapel
26 Shepherd Market
27 St. James's Piccadilly
28 London Library
29 Institute of Contemporary Arts
30 Churchill War Rooms
31 Buckingham Palace
32 St. James's Palace
33 Clarence House
34 Queen's Chapel
35 Lancaster House
36 Spencer House

1707 von William Fortnum (ehemals Page von Queen Anne) und dem Lebensmittelhändler Hugh Mason gegründet, hat sich Fortnum & Mason 2007 eine teure Modernisierung und Erweiterung geleistet. Bedient wird man nach wie vor von Herren im Cut.

ROYAL ACADEMY OF ARTS 20 F3

George III gründete die Akademie im 18. Jh., um die schönen Künste im Land zu fördern. Die Royal Academy ist die einzige kulturelle Institution im British Commonwealth, über die die Monarchen frei bestimmen können. Wenn sie wollte, könnte die Queen sie morgen schließen. Hier finden internationale Ausstellungen und die »Summer Exhibition« statt, die mit großer Resonanz Werke von Amateuren zeigt.

Die zur Academy gehörende **Sackler Gallery** wurde vom Architekten Sir Norman Foster entworfen. Ein neuer Korridor schafft eine Verbindung zwischen den zur Royal Academy gehörenden Bauten **Burlington House** und **Burlington Gardens** und damit auch neue Ausstellungsräume. Der Architekt ist David Chipperfield. (Galerien tgl. 10–17.30, Fr bis 21.30 Uhr; www.royalacademy. org.uk).

MAYFAIR SHOPPING

Die edle Einkaufszeile **Burlington Arcade** 21 F3 ließ einst Lord Cavendish bauen: als Piazza zum »Verkauf von Gegenständen, die weder durch ihr Aussehen noch ihren Geruch Anstoß erregen«. Soldaten pflegten hier mit den Kindermädchen zu liebäugeln, und um für Ordnung zu sorgen, wurden Wächter (Beadles) eingeführt, die es bis heute noch gibt. Das Warenangebot ist eher konservativ: brave Wollpullover, traditionelle Krawatten …

Die **Savile Row** ist die Straße der exklusiven Herrenschneider, unter ihnen **Henry Pool** (Nr. 15), der 1846 die Uniformschneiderei seines Vaters übernahm, oder **Gieves and Hawkes** (Nr. 1), »erst« seit rund 90 Jahren eine Institution. Durch die Fenster der Kellerräume sieht man überall Schneider bei der Arbeit.

Das **Apple House** 22 F3, Nr. 14 Savile Row, war einst das Hauptquartier der Beatles. Vom Dach aus verabschiedeten sich John, Paul, George und Ringo im Jahr 1969 mit dem Song »Let it be« von ihren Fans.

Vorbei an den Galerien für moderne Kunst in der **Cork Street** kommt man in die **Bond Street**, seit dem 18. Jh. eine feudale Einkaufsstraße. Sie ist das Zentrum des modernen Mayfair und teilt sich in Old und New Bond Street.

Das weltbekannte Auktionshaus **Sotheby's** (34–35 New Bond Street, mit Café/Restaurant) wurde im Jahr 1744 von dem englischen Buchhändler Samuel Baker gegründet, ging jedoch 1983 in US-amerikanische Hände über.

HÄNDEL HOUSE MUSEUM

23 F3

In dem Haus 25 Brook Street lebte Georg Friedrich Händel über 35 Jahre bis zu seinem Tod 1759. Hier komponierte er unter anderem sein Oratorium »Der Messias«. Gleich nebenan wohnte zeitweilig Jimi Hendrix › unten. Seit 2016 gibt es ein gemeinsames Museum für die beiden Musiker: **Handel & Hendrix in London** (Mo–Sa 11–18, www.handelhendrix.com).

RUND UM GROSVENOR SQUARE

Am **Grosvenor Square** E3 befand sich einst die protzige Botschaft der USA, die inzwischen nach Battersea umgezogen ist und dort 2018 offiziell eröffnet wurde. Jetzt soll in dem von Eero Saarinen entworfenen Gebäude ein Luxushotel entstehen. Mächtige Platanen spenden Schatten – selbst im Herzen Londons findet sich erstaunlich viel Grün.

Man durchquert die Grünfläche hin zu den Restaurants und Läden der **Mount Street Garden** 24 E3, einer stillen Oase mit japanischen Bäumen und vielen Vögeln. Verlässt man den Park in der South Audley Street, gelangt man zur **Grosvenor Chapel** 25 E3, die während des Zweiten Weltkriegs als eine Art Hauskapelle für amerikanische Soldaten diente und heute gern von der Londoner High Society besucht wird – nicht zuletzt wegen der guten kostenlosen Mittags- und Nachmittagskonzerte, die hier aufgeführt werden (aktuelle Infos unter www.grosvenorchapel.org.uk).

HENDRIX IN LONDON

Am 6. September 1970 gab Jimi Hendrix sein letztes öffentliches Konzert im Jazzklub Ronnie Scotts. Zuvor hatte er neun Monate lang eine Dachwohnung in 23 Brook Street gemietet und war somit ein Nachbar von G.F. Händel gewesen – mit 240 Jahren Zeitunterschied. Hendrix fand die Verbindung offenbar faszinierend. Er kaufte sich den »Messias« auf Vinyl und experimentierte zu Händel-Klängen mit neuen Gitarren-Kompositionen. Die Wohnung kann heute in Verbindung mit dem Händel House besichtigt werden.

SHEPHERD MARKET 26 F4

Im einstmals ländlichen Mayfair war der Markt, gegründet um das Jahr 1735 von einem gewissen Edward Shepherd, ein Dreh- und Angelpunkt von Handel und Wandel.

In den 1970er- und 1980er-Jahren stand die kleine Enklave in dem zweifelhaften Ruf, Teil des halbseidenen Nachtlebens zu sein. Heute verleihen Kopfsteinpflaster, kleine Läden, Straßencafés, gediegene Pubs und Restaurants dem Labyrinth der Gassen viel Charme. Auch als Kulisse für Popvideos ist Shepherd Market sehr beliebt.

SHOPPING

Die Entwicklung des Viertels **St. James's** südlich von Piccadilly war eng an den von Henry VIII ab 1530 in Auftrag gegebenen Palast in Whitehall geknüpft. Ringsum etablierten sich Läden, die v. a. dem Komfort vornehmer Herren der gehobenen Gesellschaft dienten – und daran hat sich bis heute nichts geändert. In der **Jermyn Street** liefert fast jeder »by Royal Appointment« (als königlicher Hoflieferant). Es gibt alles, was Herren von Welt für notwendig erachten:

- Bei **Turnbull & Asser** (Nr. 71–72) kaufte auch Katherine Hepburn Hemden und Pyjamas. Wer hier einen Schlafrock erwirbt, macht immer eine gute Figur. › mehr S. 18 Punkt 36
- In Nr. 73 verkauft **Bates the Hatter** seit über 100 Jahren maßgefertige Herrenhüte und Kappen.
- **Floris** (Nr. 89), 1730 vom gleichnamigen Barbier aus Sehnsucht nach den Orangendüften seiner Heimat gegründet, führt exklusive Toilettenartikel.

ST. JAMES'S PICCADILLY

27 F3

An der Ecke Jermyn/Church Street liegt ein ummauerter Garten, der zu der hübschen kleinen Kirche von Christopher Wren gehört. Die Gemeinde ist bekannt für ihre klassischen Konzerte.

Auf dem Markt im Innenhof werden Mo 11–17 Uhr Nahrungsmittel feilgeboten, Di 10–18 Uhr Antiquitäten und Mi–Sa 10–18 Uhr Kunsthandwerk (Tel. 020-7734 4551, www.st-james-piccadilly.org).

ST. JAMES'S SQUARE F4

Rund um die Gartenanlage des St. James's Square wohnten im 18. Jh. sieben Herzöge. Während des Zweiten Weltkriegs hatten sowohl Präsident Eisenhower als auch General de Gaulle hier ihre Kommandostellen. Leider überstanden nur die georgianischen Häuser an der Nordseite des Platzes die Bombenangriffe.

Das Gebäude in der nordwestlichen Ecke ist die **London Library** 28 F4, die beste Bibliothek der Stadt. Der Historiker Thomas Carlyle ärgerte sich einst so sehr über die langsame Bedienung in der British Library, dass er 1841 beschloss, hier eine Alternative zu eröffnen.

Dieser Teil von St. James's hat eine Fülle interessanter Läden, Pubs und Bars, die man selbst entdecken sollte. Klassisch britische Küche findet man im Pub **Chequers Tavern** (16 Duke Street, tgl. geöffnet, €).

PALL MALL F/G4

Die breite Straße mit den größten (nicht unbedingt besten) Herrenklubs, erhielt ihren Namen nach dem Spiel *Palle-Maille*, einer Kreuzung zwischen Krocket und Golf, das hier gespielt wurde.

Die Klubs hier sind fast alle wie englische Landhäuser gebaut, der **Reform Club** (104 Pall Mall) jedoch ist die viktorianische Kopie eines florentinischen Palazzos. Leere Kassen haben den Klub inzwischen dazu bewogen, auch Damen als Mitglieder zuzulassen.

Das berühmte Auktionshaus **Christie's** eröffnete 1766 seine ersten Auktionsräume in der Pall Mall und zog 1823 nach 8 King Street um.

VON WATERLOO PLACE ZUM ST. JAMES'S PARK

Die Pall Mall endet im Osten am **Waterloo Place** G4. Da Wellington diesen Platz so schätzte, errichtete man ihm eigens Stufen, um ihm das Besteigen seines Pferdes zu erleichtern. Das imposante weiße Gebäude ist das **Athenaeum** (107 Pall

Im St. James's Park, dem grünen Idyll östlich des Buckingham Palace

Mall), Klub der kulturellen Elite des Landes. Über das Duke of York Monument spotteten die Leute, dass es so hoch aufrage, damit seine Gläubiger den Herzog nicht erreichen konnten.

Die eleganten Häuser der **Carlton House Terrace** konzipierte John Nash im 18. Jh. als Stadtresidenzen für Aristokraten.

In der Mitte dieses architektonischen Riegels führen Treppen hinunter zu **The Mall** F/G4 (sonntags für den Verkehr gesperrt) zwischen Buckingham Palace und **Admiralty Arch** G4 am Trafalgar Square. Bei Staatsbesuchen wird The Mall mit den jeweiligen Nationalflaggen geschmückt.

Unmittelbar links neben den Treppen liegt das **Institute of Contemporary Arts** 29 G4 (ICA, Institut für Gegenwartskunst), dessen Buchladen, Kunstgalerie, Bar und Restaurant einen Besuch wert sind. Im Kino werden regelmäßig interessante Avantgardefilme gezeigt, während auf der Bühne des ICA oft hoffnungsvolle Nachwuchstalente gastieren (www.ica.org.uk).

ST. JAMES'S PARK

Der königliche Park mit seinem lang gestreckten See und den weiten Rasenflächen, über die Sumpfzypressen ihren Schatten werfen, ist auch ein Vogelparadies, in dem Enten, Schwäne und Pelikane sich heimisch fühlen, selbst ganz nahe dem populären modernen Café-Restaurant **St. James's Café** (tgl. geöffnet, Tel. 020-7925 2985, €–€€).

Im Map Room der Churchill War Rooms wurde der Krieg gegen Nazideutschland organisiert

Von der **Horse Guards Parade** an der Ostseite des St. James's Park, dem weiten Platz, auf dem die Queen zu ihrem »offiziellen Geburtstag« am zweiten oder dritten Samstag im Juni die prächtige Truppenparade abnimmt, kann man einen Blick auf den Garten von No. 10 Downing Street › S. 76 werfen.

CHURCHILL WAR ROOMS 30 G4

In die Krisenräume der Regierung zog sich Winston Churchill (1874 bis 1965) mit seinen Ministern während der Luftangriffe im Zweiten Weltkrieg zurück. Da es sich später als zu teuer erwies, den verwinkelten Bunker abzureißen, wurde er innen im Originalzustand belassen und außen mit Efeu bepflanzt. Das Ticket der Cabinet War Rooms gilt auch für das angeschlossene neue **Churchill Museum,** das das Leben des Staatsmanns porträtiert. Tgl. 9.30–17 Uhr.

BUCKINGHAM PALACE

31 3 F4

Der Buckingham Palace ist eine der drei Staatsresidenzen der Königin. Queen Victoria war die erste Monarchin, die in dem 1702–1705 erbauten Palast wirklich lebte. Er umfasst 12,8 ha Grundfläche, hat 600 Zimmer und 1000 Fenster. Die 13 Privatgemächer von Elizabeth II mit Blick auf Garten und Green Park liegen im Nordflügel.

Wenn die Königin zu Hause ist, weht die königliche Standarte über dem Dach des Buckingham Palace, sonst der britische Union Jack. Dienstagabends um 18.30 Uhr erscheint der Premierminister zur regelmäßigen Audienz.

Alljährlich gewährt die Queen von etwa Ende Juli bis Ende September auch Normalsterblichen Zutritt zu den opulent ausgestatteten Repräsentationsräumen, dem großen Ballsaal und dem Garten. Am Besuchereingang des Buckingham Palace werden im Sommer die Eintrittstickets schon mehrere Wochen im Voraus verkauft (Info: Tel. 020-7766 7300, www.royal.gov.uk).

Changing the Guard: Jeden Tag (Mitte Aug.–Mitte April jeden zweiten Tag, www.changing-the-guard.com) wird um 11 Uhr die berühmte Wachablösung zelebriert. Der Andrang ist groß, daher sollte man früh da sein.

RUND UM ST. JAMES'S PALACE 32 F4

Den Palast (nicht zugänglich) haben die Royals nie wirklich geschätzt. Heute arbeiten hier viele Angestellte der Krone.

Eine Tür verbindet den Palast mit Prinz Charles' Residenz **Clarence House** 33 F4, 1835 für den Duke

MAGNET KÖNIGSHAUS

Im Mai 2018 war der große Tag da: England feierte die Traumhochzeit von Prinz Harry und Meghan Markle. Die Gästeliste war hochkarätig. Tausende von Schaulustigen säumten die Straßen von Windsor und jubelten dem jungen Paar zu, als es nach dem Gottesdienst in einer Kutsche durch die Stadt fuhr. Gespräche mit Fähnchen schwenkenden Briten zeigten allerdings, warum sie wirklich kamen: »For the Queen« – das war immer wieder zu hören.

Denn die größte Anziehungskraft besitzt nach wie vor die Monarchin selbst, die im April 2018 92 Jahre alt wurde. Das liegt an ihren sonst rar gewordene Eigenschaften wie Pflichtbewusstsein, Disziplin und Reserviertheit. Ihr Festhalten an Routine, Ritualen, sogar ihre Hüte und Handtaschen sind eine nicht zu unterschätzende beruhigende Konstante in von Krisen geschüttelten Zeiten. Auch Prinz Philip (Jahrgang 1921 und von fragiler Gesundheit) wird inzwischen ebenso geschätzt: als eigenbrötlerischer Querdenker, der sich selbst treu geblieben ist.

Die jüngere Generation der Royals – zuständig für Volksnähe und Modernität – nimmt der Queen mittlerweile viel Arbeit ab, inszeniert aber ihre öffentlichen Auftritte so routiniert, dass die oft belächelte Skurrilität von Charles und Camilla plötzlich erfrischend liebenswert wirkt. Frühere Skandale und Dramen sind in den Hintergrund geraten. Die Boulevardblätter begnügen sich mit harmlosen Anekdoten, etwa dem täglichen Ritual der Queen: wann sie geweckt wird (7.30 Uhr), was ihr ans Bett gebracht wird (Earl Grey Tea), was sie am liebsten liest (»Sporting Life« und »Racing Post«). Was sie dagegen über den Zustand Großbritanniens oder der Welt denkt: Die Queen wäre nicht die Queen, wenn man das wüsste. Sie sagt wenig, aber sie sieht alles.

Karte S. 80

of Clarence (den späteren William IV) entworfen. Bis zu ihrem Tod bewohnte die Königinmutter den Palast. Traditionell werden Botschafter weiterhin zum »Court of St. James's« akkreditiert. Clarence House ist im August der Öffentlichkeit zugänglich (Mo–Fr 10–16.30, Sa, So 10–17.30 Uhr, letzer Einlass jeweils 1 Std. früher. Ein Besuch dauert 60 Minuten, Tickets müssen im Voraus gebucht werden, www.tickets.royalcollection.org.uk).

Inigo Jones entwarf 1621 die **Queen's Chapel** 34 F4, heute ein fast vergessener Glanzpunkt der Architektur (zwischen Ostern und Juli bei Sonntagsgottesdiensten um 8.30 und 11.15 Uhr zu besuchen).

In der Nachbarschaft von St. James's Palace errichteten führende Adlige des Landes ihre Stadtpaläste, der Duke of York ließ sich zum Beispiel im 19. Jh. **Lancaster House** 35 F4 bauen. Heute nutzt es die Regierung für Konferenzen und Empfänge. Frédéric Chopin gab hier ein Klavierkonzert für Queen Victoria.

Auch **Spencer House** 36 F4 (27 St. James's Place), einst Residenz von Lady Dianas Vorfahren, ist einer dieser Stadtpaläste mit schönem Garten (einstündige Führungen So 9.30–17 Uhr, Aug. geschl., Änderungen möglich; Tel. 020-7514 1958, www.spencerhouse.co.uk).

Außer zum Besuch von Spencer House verirren sich Touristen selten in die kleine Sackgasse St. James's Place. Aber in der Bar des **Duke's Hotel** (Nr. 35) gibt's den perfekten Martini.

Am Südende der **St. James's Street** fällt es nicht leicht, die distinguierten Klubs – wie etwa **Whites,** Londons 1736 gegründeten ältesten Klub (Nr. 37) – zu finden, denn bei allen Herrenklubs fehlt am Eingang der Name. Absolute Diskretion ist oberstes Gebot.

SHOPPING

Weit leichter als die Herrenklubs entdecken Sie in der St. James's Street die Geschäfte für Herren, die Qualität zu schätzen wissen:

- Die ehrwürdige Weinhandlung **Berry Brothers & Rudd** (3 St. James's St.).
- Der Hutmacher **Lock & Co.** (Nr. 5) erfand den klassischen Bowler Hat und den Deerstalker, mit dem Arthur Conan Doyle seinen Sherlock Holmes bestückte. Die Tradition geht bis aufs Jahr 1759 zurück.
- Bei **Lobb's** (Nr. 9) werden Schuhe von Hand gefertigt. Qualität hat ihren Preis, aber dafür gilt die Garantie dann auch zehn Jahre.
- Die Drogerie **D. R. Harris & Co** (Nr. 29) führt ein hauseigenes »Pick Me Up«, ein Wundermittel, das über den Kater hinweghilft.

GREEN PARK F4

Die Rasenflächen des nahen Green Park gehörten zum Jagdrevier von Henry VIII. Heute sieht man hier jede Menge Spaziergänger und sogar joggende Filmstars, die in einem der benachbarten Hotels abgestiegen sind. Eine große Allee führt zur Piccadilly und endet am noblen **Hotel Ritz.** Zum Afternoon Tea im Palm Court des Ritz sollte man einen Tisch reservieren (150 Piccadilly, Tel. 020-7493 8181, €€).

TOUR 3

MARYLEBONE & REGENT'S PARK

VERLAUF: Oxford Street > St. Christopher's Place > Marylebone Lane und Marylebone High Street > Madame Tussauds > Regent's Park > London Zoo > Portland Place

KARTE: Seite 90
DAUER: Gehzeit 2–3 Std.
PRAKTISCHE HINWEISE:

- Ausgehend von der Ⓤ Bond Street, eignet sich der Spaziergang vor allem für trockene Tage, will man den Regent's Park und eine Bootstour auf dem Regent's Canal wirklich genießen. Allerdings finden die Aufführungen im Open Air Theatre selbst bei Regen statt.
- Marylebone ist werktags besonders lebendig, Madame Tussauds immer voll, daher Tickets vorab im British Visitor Centre besorgen oder online buchen.
- Endpunkt ist die Ⓤ Great Portland Street.

TOUR-START: BUNTE VIELFALT IN MARYLEBONE

Der Spaziergang beginnt inmitten der internationalen Shoppingwelt der **Oxford Street**, in Sichtweite des Luxuskaufhauses **Selfridges** > S. 50. Und doch sind es nur wenige Minuten, ehe man eintaucht in die private Atmosphäre von Marylebone in der kleinen Fußgängerzone **St. Christopher's Place** 37 E3 mit ihren Cafés, Modeläden und kleinen individuellen Geschäften.

Überquert man die Wigmore Street, eine der zentralen Arterien des Viertels, entdeckt man in der **Marylebone Lane** den Knopfladen **The Button Queen** (Nr. 76) sowie auf Nr. 35 eine andere Institution: den winzigen Sandwichladen von **Paul Rothe & Son**, der bereits in der vierten Generation »English and Foreign Provisions« verkauft.

Auch die **High Street** 38 E2 macht Laune auf einen Bummel. Zwischen den modischen Neuankömmlingen besteht noch eine Reihe von alteingesessenen, nützlichen Läden – im Zentrum von London nicht immer selbstverständlich.

Der **Farmers' Market** 39 E2 (Ecke Moxon und Cramer Street, So

Paul Rothe & Son ist ein Delikatessengeschäft der besonderen Art

Primrose Hill
Anlegestelle
Prince Albert Road
Regent's Canal
Little Venice
Outer Circle
46
Delancey Street
Arlington Road
Park Village East
Regent's Park
Broad Walk
Albany Street
Cumberland Terrace
Outer Circle
Moschee
Children's Boating Pond
Boating Lake
Inner Circle
45
44
Chester Road
Robert Street
Chester Terrace
Stanhope Street
Regent's College
York Bridge
Royal College of Physicians
Longford St.
Euston Station
Park Road
Clarence Gate
Park Square Gardens
Osnaburgh St.
Euston Road
Regent's Park
47
Park Crescent
Great Portland Street
43
Marylebone
Gloucester Place
Baker Street
York Gate
41
40
Harley Street
Marylebone Road
Royal Institute of British Architects
MARYLEBONE
Devonshire Street
Upper Montagu St.
Paddington Street
Marylebone High Street
Weymouth Street
Portland Place
York Street
Crawford Street
Dorset Street
Manchester Street
39
38
Wimpole Street
New Cavendish Street
Seymour Place
Montagu Place
Bryanston Square
Montagu Square
Blandford Street
Welbeck Street
Langham Place
All Soul's Church
Thayer Street
Marylebone Lane
42
Manchester Square
St. Mandeville Place
Wigmore Hall
Cavendish Place
Cavendish Square
Regent Street
George Street
Portman Square
James Street
37
Wigmore Street
START
Lane
Oxford Circus
Upper Berkeley Street
Seymore St.
Portman Street
Orchard Street
Selfridges
Duke Street
Oxford Street
Bond Street
Davies Street
New Bond St.
Hanover Square
Liberty
South Molton La
Brook St.
Händel House Museum
0 0,2 Meilen
0 0,2 Kilometer

morgens) bezaubert mit seinen Ständen duftender Rosen frisch vom Land. Der **Fischhändler** (Nr. 89) ist schon lange da, der Buchladen **Daunt** (Nr. 83) einer der schönsten der Stadt.

In der **Patisserie Le Pain Quotidien** (Nr. 72) gönnt sich ein schick gestyltes Publikum Croissants und Cappuccino, während der **Conran Shop** (Nr. 55) das Neueste in Sachen Design präsentiert.

Der kleine Park neben der **St. Marylebone Parish Church** 40 E2 stammt noch aus dem 18. Jh. Die Ursprünge von Marylebone reichen bis ins Mittelalter zurück – lange war es ein von Feldern umgebenes, unbedeutendes Dorf am Rande Londons geblieben.

Überquert man die von Lärm umtoste Marylebone Road, ist man auch schon bei **Madame Tussauds** 41 E2. Neben den Wachsfiguren aus Geschichte, Politik und Showbusiness unterhält eine Fahrt auf Schienenwägelchen durch die Ausstellung »Spirit of London« mit Stationen der Stadthistorie im Zeitraffer (tgl. 9.30–17.30 Uhr, in den Ferien 9–18 Uhr, www.madametussauds.com).

TOUR IN MARYLEBONE

TOUR 3

MARYLEBONE & REGENT'S PARK

- 37 St. Christopher's Place
- 38 High Street
- 39 Farmers' Market
- 40 St. Marylebone Parish Church
- 41 Madame Tussauds
- 42 Wallace Collection
- 43 Sherlock Holmes Museum
- 44 Queen Mary's Rose Garden
- 45 Open Air Theatre
- 46 London Zoo
- 47 Park Crescent

ABSEITS DER TOUR

In **Wigmore Hall** E3, 36 Wigmore St., finden regelmäßig hörenswerte Kammerkonzerte statt. Infos: www.wigmore-hall.org.uk.

Einen Abstecher zum Manchester Square lohnt die **Wallace Collection** 42 E2: Kunsthandwerk und Malerei des 17. und 18. Jhs., darunter Renaissancemöbel und Sèvres-Porzellan (tgl. 10–17 Uhr, Eintritt frei; www.wallacecollection.org). > mehr S. 17 Punkt 35

Eine kulinarische Ergänzung bietet das französisch angehauchte Restaurant **The Wallace** im Innenhof (Tel. 020-7563 9505, tgl. 10–16.30, Fr, Sa Dinner ab 18 Uhr, €€).

In 221b Baker Street sind im **Sherlock Holmes Museum** 43 E2 nahe Clarence Gate am Regent's Park die nachgebildeten Räume des Meisterdetektivs zu besichtigen (tgl. 9.30–18 Uhr, www.sherlock-holmes.co.uk).

REGENT'S PARK ★

Nach dem ohrenbetäubenden Verkehrslärm der Marylebone Road genießt man im Regent's Park (Eingang York Terrace) friedliche Ruhe. Bei gutem Wetter bieten sich Szenen, die an Filme von Jean Renoir erinnern: flirtende Paare, Eltern in Eintracht (oder Zwietracht) mit ihren Kindern, ältere Herrschaften, die auf den Liegestühlen ein Nicker-

Am Seeufer im Regent's Park

chen halten. In einigen Teilen des Parks kann man Boot fahren und – auf den großen Rasenflächen in Richtung Zoo – Softball spielen oder anderen Sport treiben.

Bei Sonnenuntergang leuchten über den Bäumen am Westrand des Parks das Minarett und die goldene Kuppel der **Moschee,** das Hauptgebetshaus der stetig wachsenden islamischen Gemeinde Londons.

Das Herz des Parks ist der **Queen Mary's Rose Garden** 44 E1 mit bis zu 150 Jahre alten Rosenstöcken aller in England gezüchteten Sorten. In den Blütemonaten Juni und Juli füllt ein Potpourri betörender Düfte die Sommerluft. Pergolen, Eibenhecken, lauschige Nischen und Bänke tragen zum Zauber dieser romantischen Enklave bei.

Schon Vivien Leigh trat im **Open Air Theatre** 45 E1 des Parks auf, wo in den Sommermonaten vornehmlich Shakespeare aufgeführt wird. Vielleicht genügen die Vorstellungen künstlerisch nicht immer allerhöchsten Ansprüchen, die Stimmung aber ist idyllisch. Sogar bei Regen. Tel. 0844-826 4242, Karten ab £ 25.

Ein schöner Weg nach Norden – oder vom Zoo zurück – ist der **Broad Walk,** eine schattige, mit Springbrunnen und Statuen gestaltete Allee, die den ganzen Park durchzieht und im Süden an den Park Square Gardens endet.

REGENT'S CANAL

John Nash betrachtete den Regent's Canal, der ab 1820 die Verbindung zum Grand Junction Canal war, als eine Attraktion des Parks. Zerbrechliche Güter wie Porzellanwaren, aber auch Kohle gelangten auf dem Kanal nach London. Die Aristokraten allerdings wünschten sich keine kohlenstaubigen Kanalschiffer in ihrem Blickfeld … Heute tuckern bunte Originalboote fahrplanmäßig vom pittoresken Stadtteil Little Venice bis zur Schleuse Camden Lock im Stadtteil Camden. (Anlegestelle beim Zoo, Boote im Sommer tgl. im Stundenrhythmus, im Winter nur Sa, So, www.londonwaterbus.co.uk).

LONDON ZOO 46 E1

Zwei Wege umrunden den traditionsreichen und beliebten Zoo im Nordteil des Regent's Park. Interessant ist der Glaspavillon »London Zoo Web of Life«, wo man Lebensformen von Kleinstlebewesen wie z. B. Bakterien zeigt.

Als neue Attraktionen locken Spaziergänge durch ein restauriertes viktorianisches Glashaus voller tropischer Vögel sowie der **Clore Forest Lookout** im Kronenstockwerk eines südamerikanischen Regenwaldes (März–Okt. tgl. 10 bis 17.30, sonst tgl. 10–16 Uhr, www.zsl.org/zsl-london-zoo).

PARK CRESCENT 47 F2 – PORTLAND PLACE

Schon den Ostrand des Regent's Park begleiten »Reihenhäuser« der edelsten Art, die sogenannten **Nash Terraces,** die Anfang des 19. Jhs. gebaut wurden.

Geradezu theatralisch aber gestaltete Nash 1821 die sichelförmige, weiße Häuserzeile am **Park Crescent** mit ionischen Kolonnaden, die die Antike eindrucksvoll zitieren. **Portland Place** ist alles

GEPLATZTE HERRSCHERTRÄUME

Die Baugeschichte kennt die kurze Epoche von 1810 bis 1830 als »Regency«, benannt nach der Regierungszeit des Prinzregenten, der als George IV im Jahr 1820 den Thron bestieg.

Auch wenn von seinen Plänen nur ein Bruchteil verwirklicht wurde, prägte der führende Architekt der Zeit, **John Nash** (1752–1835), mit seinem klassizistisch orientierten, doch gleichzeitig leichten Stil einen erheblichen Teil des Londoner Stadtbildes. Durch ehrgeizige »urbane Verbesserungen« wollte der Prinzregent seine Hauptstadt, die er für viel zu provinziell hielt, ebenso aufregend wie andere Metropolen gestalten. Nash erhielt den Auftrag, mitten im Regent's Park eine Gartenstadt für aristokratische Freunde und natürlich den Regenten selbst zu entwerfen. Beiden schwebte eine Art Gartenstadt mit 56 Villen in verschiedenen Architekturstilen und einem Lustschlösschen für den Prinzregenten vor.

Doch nur acht »Landsitze« innerhalb des Parks wurden realisiert; drei stehen am Rand des Inner Circle, der ursprünglich einen Hügel umschloss. Nash wollte darauf eine Art »National Valhalla« bauen, aus der dann auch nichts wurde – hatte doch der Prinzregent als berüchtigter Lebemann die königliche Schatulle nach dem Verlust der amerikanischen Kolonien und der harten Zeit der Napoleonischen Kriege überstrapaziert.

andere als ein Platz. Vielmehr entwarfen die Brüder Robert und James Adams 1773 einen Boulevard, dessen ursprüngliche Bebauung fast völlig verschwunden ist, während die 1930er-Jahre dem Straßenzug ihren Stempel aufdrückten.

Das **Royal Institute of Architecture** (RIBA, 66 Portland Place) hat einen sehr guten Buchladen. Das Restaurant **Bistro at 66** auf der ersten Etage ist ein beliebter Treffpunkt für Architekten ebenso wie für Besucher (Mo–Fr 10–15.30 Uhr; www.architecture.com, €–€€).

TOUR 4

MARKT, MUSEUM, MULTIKULTI

VERLAUF: Covent Garden > Bloomsbury > British Museum > Fitzrovia > Soho

KARTE: Seite 99
DAUER: Gehzeit ca. 3 Std.
PRAKTISCHE HINWEISE:

- An der Ⓤ Covent Garden startet man mitten im Geschehen des lebendigen Theaterviertels, wo in den Abendstunden Hochbetrieb herrscht. Wer sich für diese Zeit entscheidet, wird freitags auch im British Museum einige Sammlungen bis 20.30 Uhr durchstreifen können.
- Die Tour endet an der Ⓤ Oxford Circus

TOUR-START: COVENT GARDEN MARKET 48 ★ G3

Der Covent Garden Market war eigentlich ein »Convent Garden«: Im Mittelalter befand sich hier der Obst- und Gemüsegarten eines Klosters.

Der Architekt Inigo Jones legte 1631 neben dem bereits bestehenden Markt einen Platz an, den er nach der Piazza von Livorno in Italien gestaltete: das erste Beispiel einer Renaissanceplanung in England. Als Teil des stimmigen Ensembles platzierte er die **St. Paul's Church** an der Westseite, wo Gedenktafeln – u. a. für Vivian Leigh und Charlie Chaplin – die Schauspielerwelt in Erinnerung rufen. Für viele im Viertel ist St. Paul's *The Actors' Church* (»die Schauspielerkirche«).

1974 wurde der ursprüngliche Gemüse- und Blumenmarkt verlegt und das Gebiet Covent Garden saniert. Statt die alte **viktorianische Markthalle** abzureißen, brachte man darin viele kleine Läden und Cafés unter. Ob Naturkosmetik, schräge Accessoires oder die neuesten Bestseller – das Angebot ist ansprechend bunt und vielfältig.

Eine ebenso farbige Mischung aus Pubs, Theatern, Fotostudios und trendigen Restaurants in der direkten Nachbarschaft, dazu die Clowns, Akrobaten und Musiker sowie der Antikmarkt an der Südseite (Mo 5–17 Uhr), machen Covent Garden trotz des künstlich produzierten malerischen Bildes nicht umsonst zu einem populären Anziehungspunkt für Touristen.

LONDON TRANSPORT MUSEUM 49 G3

Besonders Kinder lieben dieses Museum, das die Geschichte der öffentlichen Verkehrsmittel Londons und ihre Bedeutung für die Stadt veranschaulicht. Neben der Nachbildung des ersten Omnibusses von 1829 gehören Straßenbahnen, Feuerwehrautos und Eisenbahnwagen aus dem 19. Jh. zu den aufregendsten Stücken in den Hallen des alten Blumenmarktes (Covent Garden Piazza, Sa–Do 10–18, Fr 11–18 Uhr, letzter Einlass 17.15 Uhr, www.ltmuseum.co.uk). Wunderbar, um nach Souvenirs zu schauen, ist der Museumsladen.

Ein Tipp für heiße Sommertage ist die **Eisdiele Gelatorino** ganz in der Nähe (2 Russell St., Mo–Do, So 11–20, Fr, Sa 11–22.30 Uhr).

SOMERSET HOUSE 50 ★ G3

Im weitläufigen Innenhof des ehemaligen Königspalastes (1776 gebaut) sprudeln Wasserfontänen; im Sommer verwandelt sich der Platz zum Open Air-Kino, im Winter wird er zur Eisbahn. Es gibt Cafés und Restaurants: Hier ist immer viel los. Öffnungszeiten der Galerien und Ausstellungsräume: Mo, Di, Sa, So 10–18, Mi–Fr 11–20 Uhr, letzter Einlass jeweils eine Stunde vor Schließung (www.somersethouse.org.uk).

Die **Courtauld Gallery** im Somerset House mit ihrer Sammlung impressionistischer und postimpressionistischer Malerei (u. a. Arbeiten von Degas, Monet, Renoir, Gauguin und van Gogh) ist wegen umfassender Umbauten bis voraussichtlich Ende 2020 geschlossen.

ROYAL OPERA HOUSE 51 G3

Die Konstellation eines Opernhauses neben einem betriebsamen Markt lieferte G. B. Shaw im Jahr 1913 die Idee für sein Stück »Pygmalion«, auf dem das Erfolgsmusical »My Fair Lady« basiert.

Obwohl der alte Markt nicht mehr existiert, ist die Royal Opera ein unverändert wichtiger gesellschaftlicher Treffpunkt. Seit 1859 agieren Ballett- und Opernstars auf der Bühne des Royal Opera House, wo Gustav Mahler die erste britische Aufführung von Wagners »Ring des Nibelungen« dirigierte.

Die Oper hat heute eine verbesserte Bühnentechnik, einen größeren Zuschauerraum und ein elegantes großes Foyer in der Paul Hamlyn Hall. Faszinierend sind die »Behind-the-Szenes«-Touren, die einen Blick hinter die Kulissen des Opernhauses erlauben (www.roh.org.uk, Ticketinfos › S. 27).

Bei Bedarf für Landkarten und Reiseliteratur lohnt sich der Abstecher zu **Stanfords** (12–14 Long Acre, www.stanfords.co.uk).

Die kleine **Neal Street** trumpft mit Straßencafés und kleinen schmucken Läden auf: **Tabio** (No. 66) führt Socken und hippe Strümpfe, im Lokal **Belgo Centraal** um die Ecke (50 Earlham St., tgl., €€) gibt es belgische Muscheln und Post-Punk-Design.

Neal's Yard 52 G3 ist ein Paradies für Liebhaber alternativer Lebensformen. In dem malerischen, mit Bäumen und Blumen bepflanzten Innenhof findet man u. a. **Neal's Yard Remedies** (Naturkosmetik und Homöopathie) und um die Ecke **Neal's Yard Dairy** mit einer großen Auswahl an britischem Käse (17 Shorts Gardens).

BLOOMSBURY

Nördlich der Oper gelegen, steht Bloomsbury fast synonym für das British Museum und die größte Universität des Vereinigten Königreichs. Nach diesem Stadtteil benannte sich auch die **Bloomsbury Group** von Künstlern und Intellektuellen um Virginia Woolf und Vanessa Bell › S. 98.

Ungewöhnlich wirkt der gestufte Kirchturm von **St. George's Bloomsbury** 53 G2, für den sich Nicholas Hawksmoor das Grabmal von König Mausolos in Halikarnassos (Kleinasien) zum Vorbild nahm. Ein paar Schritte über den Bury Place, und man gelangt ins Herz von Bloomsbury, dem von Bäumen bestandenen **Bloomsbury Square** 54 G2. In diesem Bezirk lohnt sich ein Blick in jede Seitenstraße, so wirkt z. B. der hübsche Platz in der Fußgängerzone **Pied Bull Yard** (beim Bury Place) im Sommer außerordentlich einladend.

Aus dem späten 18. Jh. stammt Robert Adams Entwurf für den **Bedford Square** (westlich des British Museum). Mit seinen elegant proportionierten Häusern aus dunklem Backstein um ein baumbestandenes grünes Oval zählt er zu den besterhaltenen georgianischen Plätzen.

In Bloomsbury sind zahlreiche Verlage tätig. Auf Antiquarisches haben sich gute Buchläden in der **Museum Street** spezialisiert.

BRITISH MUSEUM 55 4 G2

Dieses Schatzhaus der Nation für Archäologie und Ethnographie wurde 1753 gegründet, nachdem der Arzt und Sammler Dr. Hans Sloane seine gesamte Kollektion der Nation vermacht hatte. Die Sammlungen wuchsen zu ungeheurer Vielfalt und Reichhaltigkeit, sodass sich hier fast die gesamte Kulturgeschichte der Menschheit (mit Ausnahme des amerikanischen Doppelkontinents) nachvollziehen lässt. Das Gebäude selbst ist ein neoklassizistisches Meisterstück des Architekten Robert Smirke.

Zu den bekanntesten Attraktionen gehören die **Elgin Marbles** der Akropolis, die der Botschafter Lord Elgin zu Beginn des 19. Jhs. nach London entführte. Die britische Regierung kaufte sie offiziell, doch die griechische Regierung hält an ihrem Anspruch auf Rückerstattung fest.

Die Liste der Schätze ließe sich fortsetzen mit der 2000 Jahre alten Moorleiche des »Lindow-Man« und der einzigartigen Sammlung archäologischer Funde aus Assyrien, Persien, Griechenland und dem Römischen Reich.

Ein besonders kostbarer Besitz des Museums ist neben den ägyptischen Mumien und Kunstwerken auch der »Stein von Rosetta«, mit dem es im 19. Jh. möglich wurde, die altägyptischen Hieroglyphen zu entziffern.

Karte S. 99

Der Weg ins British Museum führt durch einen mächtigen Säulenvorbau

Ein wichtiger Teil des Museums war die **British Library** – der runde Hauptlesesaal des Museums mit einer 50 m hohen Kuppel, in dem Karl Marx sein Hauptwerk »Das Kapital« schrieb. Die Library ist in einen Neubau in 96 Euston Road gezogen. Damit endete eine über 300 Jahre alte Tradition.

In dem von Architekt Sir Norman Foster entworfenen Innenhof, dem **Queen Elizabeth II Great Court,** dominiert leider nun der Kommerz mit zu vielen Läden und einem wenig niveauvollen Café (tgl. 10–17.30, Fr bis 20 Uhr, Eintritt frei, www.britishmuseum.org).

INFOS:

- Unerlässlich für die Orientierung in der Fülle der Sammlungen ist der **Museumsplan**, den man an den Eingängen bekommt.
- Rucksäcke und Gepäck müssen in der Garderobe am Nordeingang (Montague Place) abgegeben werden.

ZWISCHENSTOPP: RESTAURANTS

Energie auftanken kann man täglich in der hübsch eingerichteten **Coffee Gallery** ❶, 23 Museum St., oder im viktorianischen Pub **Museum Tavern** ❷ (€), 49 Great Russell St.

FITZROVIA

In der Zeit von Anfang des 20. Jhs. bis zum Zweiten Weltkrieg zog die Künstler-Bohème nach Fitzrovia – neben den niedrigen Mieten wusste sie die hellen Ateliers und das preiswerte Bier zu schätzen. Aber als gute Adresse für etablierte Künstler galt der Bezirk nicht, eher als Hafen für Exzentriker.

Das Anziehende ist der Dorfcharakter, den sich die Gegend bewahren konnte; anders als Covent Garden und Teile von Soho ist dies kein Tummelplatz für Touristen. Die nachbarschaftliche Solidarität unter den ca. 6500 Einwohnern schließt die Einwanderer aus Italien und Griechenland mit ein, die mediterranes Leben nach Fitzrovia brachten. Die **Charlotte Street** mit ihren Feinkostläden, Restaurants und Pubs in versteckten kleinen Passagen ist ein einziger Genuss.

Kleine und große Kinder werden im **Pollock's Toy Museum** 56 F2 ihre Freude an viktorianischen Puppenhäusern, Teddybären und Spielen aus aller Welt haben. Allerdings hat das Museum finanzielle Probleme und könnte schließen bzw. umziehen (1 Scala St., W1, Mo–Sa 10 bis 17 Uhr, Einlass bis 16.30 Uhr, www.pollockstoys.com).

ZWISCHENSTOPP: RESTAURANT

Wo die Charlotte Street nordwärts in die Fitzroy Street übergeht, findet man authentische und preiswerte Küche in der **Kantine des indischen YMCA** 3 (€), 41 Fitzroy Sq. Offen für jedermann. Mo–Fr 7.30–9.15, 12–14, 19–20.30 Uhr; Sa, So 8–9.30, 12.30–13.30, 19–20.30 Uhr.

In den meisten Häusern um den **Fitzroy Square** sind heute Büros; wer früher hier gewohnt hat, zeigen Plaketten an den Fassaden. › mehr S. 17 Punkt 31 Weit über den Charlotte Place hinaus wirft der 180 m hohe **Telecom Tower** 57 F2 seinen Schatten.

DIE BLOOMSBURY GROUP

Die gleichnamige Intellektuellengruppe fand sich 1890 in Cambridge zusammen, als Leonard Woolf, Lytton Strachey und Roger Fry Studentenfreundschaften schlossen. Später machten sie mit neuen Freunden als Philosophen, Maler und Schriftsteller das Viertel Bloomsbury zur Hochburg künstlerischer, insbesondere literarischer Avantgarde. Gemeinsames Ziel der Gruppe war, die starren Konventionen der Zeit aufzubrechen. Virginia Woolf (1882–1941) und ihre Schwester Vanessa Bell (1887–1961) übernahmen dabei eine führende Rolle. Nach dem Tod der Eltern waren die vier Kinder 1904 aus dem teuren Kensington nach Bloomsbury an den Gordon Square gezogen. Hier führten sie donnerstagabends endlose Diskussionen über gesellschaftliche Zustände und die Künste mit ihren Freunden. 1911 wohnten sie am Brunswick Square, ein Jahr später heiratete Virginia Leonard Woolf, mit dem sie zeitweise in Richmond und in Rodmell (East Sussex) lebte, dann aber 1924 an den Tavistock Square in Bloomsbury zurückkehrte, weil sie das städtische Leben vermisste. Ihre letzte Adresse im Viertel war ein Haus am Mecklenburg Square, das 1940 fast völlig zerbombt wurde. Die letzte gemeinsame Zeit hatte das Paar auf dem Land im Monk's House in Rodmell verbracht.

SOHO

Bummeln Sie vom Fitzroy Square zurück zur Oxford Street, die eine Art Grenze zwischen Fitzrovia und Soho markiert. Dass Soho ein Brennpunkt des Nachtlebens und der Londoner Gay-Szene ist, entspricht ganz der Tradition: Bloomsbury, so heißt es, nährt schon immer den Kopf, und Soho die Sinne.

NIGHTLIFE

- Bis 1 Uhr früh oder auch länger geöffnet bleiben Klubs wie **Mark's Bar** (60–70 Brewer St., im Souterrain des Restaurants Hix, www.marksbar.co.uk) oder

TOUR IN COVENT GARDEN, BLOOMSBURY UND SOHO

TOUR 4

MARKT, MUSEUM, MULTIKULTI

48 Covent Garden Market
49 London Transport Museum
50 Somerset House
51 Royal Opera House
52 Neal's Yard
53 St. George's Bloomsbury
54 Bloomsbury Square
55 British Museum
56 Pollock's Toy Museum
57 Telecom Tower
58 French Protestant Church
59 Carnaby Street

In der Carnaby Street swingte London in den 1960-Jahren

Milk & Honey (61 Poland St., www.mlkhny.com).

- Seit seiner Gründung in den 1950er-Jahren besitzt **Ronnie Scott's** das Renommée eines niveauvollen Jazzklubs mit Interpreten von Weltrang und auch jungen Talenten. Der musikalische Genuss lässt sich auch mit einem Abendessen verbinden.
  47 Frith St. | Tel. 020-7439 0747
  www.ronniescotts.co.uk

RUND UM SOHO SQUARE G3

Auf die vielen Platanen und die Grünanlage mitten auf dem verträumten Soho Square sind die Londoner besonders stolz. Hier erinnert die **French Protestant Church** 58 G3 daran, dass Soho seit der Zeit der Hugenotten erste Anlaufstelle für Einwanderer vom Kontinent war. Dieser Einfluss erklärt die Existenz der vielen Delikatessenläden und guten Restaurants.

Die Stammkunden (viele junge Intellektuelle) des nahen **Maison Bertaux** schwören auf dessen feine Croissants. Immerhin ist das Geschäft eine Institution seit 1871 (28 Greek St., tgl., €).

ZWISCHENSTOPP: RESTAURANTS

- Viele Bars in Soho sind Imitationen der Kultstätte **Bar Italia** 4 (22 Frith St., tgl.) mit ihrer Zinntheke.
- **Quo Vadis** 5 (€€€) offeriert beste internationale Küche (26–29 Dean St., So geschl.).
- Im **Gay Hussar** 6 (€€) lassen sich häufig auch Politiker eingelegte Heringe und andere ungarische Spezialitäten schmecken (2 Greek St., So geschl.).

- Im italienischen Restaurant **Princi** 7 (€€) gibt's Pizza, Pasta oder ein Passionsfrucht-Törtchen – alles göttlich (135 Wardour St., tgl. ab 8 Uhr).

OLD COMPTON STREET G3

Die Old Compton Street ist Sohos High Street, die Adresse traditioneller kleiner Läden (die leider immer mehr von gierigen Grundstücksmaklern verdrängt werden) sowie vieler Cafés und Bars. Internationale Presse findet man bei **Compton News** (Nr. 48), die **Algerian Coffee Stores** (Nr. 52) überraschen mit einer überwältigenden Auswahl an Kaffee- und Teesorten.

Im **Haus Nr. 20** logierte im Jahr 1763 Mozarts Vater und warb für das erste Konzert seines Sohnes.

BREWER STREET F3

Man betritt diese Straße mit gemischten Gefühlen, denn längst sind die Bäcker, Fleischer und Fischhändler des Viertels verdrängt worden. Nur der italienische Delikatessenladen **Lina Stores** (Nr. 18) hat überlebt, ansonsten haben dubiose Massagesalons die Oberhand gewonnen. Soho verkörpert bis heute eine Mischung von amüsant bis abstoßend, manchmal sogar geheimnisvoll.

Auf dem farbenfrohen **Berwick Street Market** decken sich Hausfrauen mit Obst und Gemüse ein. Die besten Schnäppchen ergattern sie zum halben Preis, kurz bevor abends die Müllabfuhr kommt (Mo–Sa 8–18 Uhr).

CARNABY STREET 59 F3

Die einst legendäre Carnaby Street wird heute als West Soho vermarktet, ein trauriges Überbleibsel der Swinging Sixties. Die Zeiten, als Peter Sellers, Marianne Faithfull und Mick Jagger hier flanierten und blumengemusterte Hemden oder Häkelkleider kauften, sind lange vorbei. Nun verscherbeln Geschäfte in der Fußgängerzone billige Lederjacken und Polizeihelme aus Plastik. Dazwischen haben Modeboutiquen von mittelmäßigem Niveau eröffnet, um der Carnaby Street zu neuer »Coolness« zu verhelfen. Dennoch lebt die Straße weiter vom Mythos ihrer Vergangenheit.

LIBERTY F3

Die Carnaby Street endet an der Great Marlborough Street, fast unmittelbar neben dem Kaufhaus Liberty › S. 50 von 1875, das die so gänzlich andere Welt des Großbürgertums verkörpert. Lange in Familienbesitz, gehört es heute zum Unternehmen NWB.

Geblieben sind das Interieur mit dem Gebälk im Tudorstil, die exquisite Stoffabteilung mit handbedruckten »Liberty Prints«, die auf Designs von William Morris und Künstlern des Arts and Crafts Movement im 19. Jh. zurückgehen, sowie ein rundum erlesenes Sortiment der Bereiche Parfümerie, Mode und Interior Design.

KENSINGTON & CHELSEA

Kensington Gardens mit Blick auf die Royal Albert Hall

Hyde Park und Kensington Gardens, edles Shopping in Knightsbridge oder Chelsea, das Museumsquartier von South Kensington, der Ethnomix in Notting Hill – Londons Vielfalt zeigt hier einige seiner markantesten Facetten.

Im Royal Borough of Kensington & Chelsea bilden der Hyde Park und die Kensington Gardens einen Teil der grünen Lunge der Stadt. Das uralte »Manor of Hyde« gehörte zum Grundbesitz der Westminster Abbey, bevor König Henry VIII es konfiszierte. Und noch im 17. Jh. jagten hier die Tudorkönige. Als James I den Hyde Park für die Allgemeinheit öffnete, verlustierte sich im weitläufigen Grün die gute Gesellschaft. Im Besitz der Krone ist der größte Londoner Stadtpark mit seinen 2 km Länge und 900 m Breite bis heute. Es lohnt sich, einmal ganz in der Frühe hierher zu kommen und die Morgenstimmung zu genießen.

In Knightsbridge locken zwei große Kaufhäuser und ringsum eine Welt, in der sich die junge Szene bei japanischen Designern einkleidet und sich in schicken Bars und Cafés von den Strapazen des Einkaufs erholt. Teil dieses Viertels ist auch der geradezu gigantische, von Prinz Albert initiierte Museumskomplex an der Cromwell Road.

In Chelsea waren Henry VIII und sein zeitweiliger Lordkanzler und Kontrahent, der Humanist Sir Thomas Moore (Morus), die ersten Persönlichkeiten von Rang, die sich in dem alten Fischerdörfchen an der Themse ein Landhaus bauen ließen.

Im 19. Jh. machte hier eine Kolonie wohlhabender und auch umstrittener Künstler und Intellektueller von sich reden, darunter Thomas Carlyle, Dante Gabriel Rossetti, George Eliot, James McNeill Whistler und Oscar Wilde. In den Swinging Sixties gingen von Chelsea die stärksten innovativen Impulse aus, später paradierten Punks über die King's Road. Der Szenenwechsel zur Gegenwart könnte kaum krasser sein: Heute leben in Chelsea vor allem respektable Bürger. Die King's Road ist – trotz der vielen stereotypen Ladenketten – immer noch eine amüsante Shoppingmeile.

Gegenüber, auf der südlichen Uferseite der Themse, leuchtet die vergoldete Dachspitze der Peace Pagoda im Battersea Park, der mit dem Erdreich vom Bau eines Docks für die Londoner Bürger angelegt wurde. Noch höher als die Spitze der Pagode im Battersea Park ragen weiter östlich die vier Schlote des 1983 stillgelegten Kraftwerks Battersea Power Station auf.

Der Stadtteil Notting Hill hat mindestens drei Attraktionen zu bieten: den Trödel- und Antikmarkt auf der Portobello Road, die quirlige afro-karibische Szene sowie vielerlei modische Läden und Cafés. Nur einen Steinwurf entfernt liegt das stille Idyll des Holland Park.

TOUREN IN DEN VIERTELN

TOUR 5

HYDE PARK & KENSINGTON GARDENS

5

VERLAUF: Hyde Park > Marble Arch > Kensington Palace > Royal Albert Hall > Apsley House

KARTE: Seite 106
DAUER: Gehzeit 2 Std.
PRAKTISCHE HINWEISE:

- Die Ⓤ Marble Arch ist ein idealer Ausgangspunkt für einen erholsamen Spaziergang durch das weite Grün des Hyde Park und der Kensington Gardens, wo die Stimmung am frühen Morgen oder gegen Abend am schönsten ist.
- Für eine Rast bieten sich nicht nur die vielen Bänke, Liegestühle und Wiesen an, sondern im Sommer auch das Café im künstlerisch gestalteten Pavillon der Serpentine Gallery.
- An der Hyde Park Corner verlässt man den Park wieder.
- Der Kensington Palace schließt je nach Jahreszeit um 16 bzw. 17 Uhr.

TOUR-START: HYDE PARK

In der Unterführung der U-Bahn folgt man den Ausgängen 4 oder 8 und steht kurz darauf im Hyde Park an der **Speakers' Corner** 1 E3.

Die Rednerecke ist ein typisches Resultat britischer Demokratie. 1872 erließ das Parlament ein Gesetz, das Versammlungen und freie Meinungsäußerung erlaubte. Seitdem philosophieren hier sonntags Exzentriker und religiöse Fanatiker über die Verbesserung der Welt. Die Polizei behält sie diskret im Auge.

Interessenten treffen sich jeden ersten Sonntag im Monat um 11 Uhr im **Speakers' Corner Café** zum **»Peace Walk«.** Ihr Ziel ist es, eine Stunde lang meditativ den Park zu erleben, denn während des Spaziergangs darf nicht gesprochen werden.

MARBLE ARCH 2 E3

Der mächtige Torbogen im Norden der Speakers' Corner wurde 1827 von John Nash als Haupteingang zum Buckingham Palace entworfen. Nur hatte der Architekt versäumt, die Breite der königlichen Karossen auszumessen. Der Mittelbogen erwies sich als zu schmal für die Durchfahrt und wurde 1851 an seinen jetzigen Standort transportiert, der vom 12. bis 18. Jh. eine öffentliche Hinrichtungsstätte war. Heute braust der Verkehr um den Marble Arch. Nur die Queen darf, falls es ihr beliebt, durch den Bogen hindurchfahren.

ABSEITS DER TOUR

Tyburn Convent D3 (gegr. 1901) ist eine stille Oase. Wie der Marble Arch steht das kleine Benediktinerinnenkloster auf dem Gelände der einst noch außerhalb der Stadt gelegenen königlichen Hinrichtungsstätte, wo auch katholische Märtyrer im Zuge der Reformation den Tod fanden (8 Hyde Park Place, Tel. 020-7723 7262, www.tyburnconvent.org.uk).

THE SERPENTINE

Auf der Nordseite des Parks geht es in westlicher Richtung den Reitweg entlang. Bei **The Fountains,** einer Brunnenanlage italienischen Stils, beginnt **The Serpentine.** Queen Caroline, Gemahlin von George II, ließ 1730 den reizvollen künstlichen See anlegen, der den Hyde Park von den Kensington Gardens trennt. › mehr S. 12 Punkt 1 Nahe dem Ufer von The Long Water, dem Nordteil des Sees, soll Peter Pan während seiner nächtlichen Besuche gelandet sein. Hier steht die **Peter-Pan-Statue** 3 C3. J. M. Barries, der Autor der Geschichte, fand sie kitschig, aber bis heute betrachten Kinder fasziniert die Kaninchen, Eichhörnchen und Mäuse zu Füßen der Statue – und hoffen, die Elfen im Gras wispern zu hören.

KENSINGTON GARDENS

Der Spaziergang geht westlich in Richtung des **Round Pond** C4 in den Kensington Gardens weiter. An diesem zweiten künstlichen See treffen sich gern Liebespaare sowie allerlei Federvieh.

Ausritte im Park sind ein ganz besonderes Erlebnis und bei Londonern sehr beliebt (Reitstall mit Pferdevermietung › S. 31).

Die einst zum königlichen Palast gehörenden Kensington Gardens wirken in ihrer Gesamtheit weit intimer als der Hyde Park, im hinter hohen Hecken versteckten **Sunken Garden** 4 C4 geradezu geheimnisvoll.

Der **Diana, Princess of Wales Memorial Playground** 5 B3 ist

Der Marble Arch an der Nordostecke des Hyde Park

ein toller Abenteuerspielplatz komplett mit Piratenschiff. Erwachsene haben auf dem Gelände am Broad Walk (nahe Black Lion Gate zur Bayswater Road) nur in Begleitung von Kindern Zutritt.

KENSINGTON PALACE 6 C4

Um drei Innenhöfe gruppieren sich die Palastflügel, teils Museum, teils Apartmentgebäude für Mitglieder der königlichen Familie. An der Nordseite lebte die verstorbene Prinzessin Diana in Apartment 8.

Der Palast hat eine interessante Geschichte. Im Jahr 1689 bezahlten William III und Queen Mary 18 000 Guineen für das Landhaus und ließen es von Christopher Wren und Nicholas Hawksmoor umbauen. Später trat eine Reihe dramatischer Todesfälle auf: Queen Mary starb an Pocken, Queen Anne nach einem Gehirnschlag. George II, der letzte der hier lebenden Monarchen, segnete auf dem neuen Wasserklosett das Zeitliche. Doch auch ein erfreulicheres Ereignis gab es: 1819 wurde hier Queen Victoria geboren.

Nun hat eine neue Ära begonnen. Der Herzog und die Herzogin von Cambridge (vulgo William und Catherine) residieren mit ihren drei Kindern in Prinzessin Margarets alter Wohnung, und auch Harry, der Herzog von Sussex, lebte mit seiner neuen Ehefrau Meghan Markle bis Ende 2018 auf dem Palastgelände.

Während frischer Wind durch die alten Mauern weht, können die

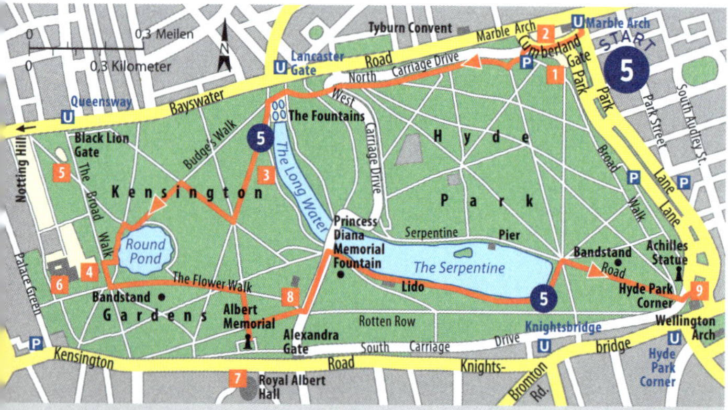

TOUR IN KENSINGTON

TOUR 5

HYDE PARK & KENSINGTON GARDENS

1 Speakers' Corner
2 Marble Arch
3 Peter-Pan-Statue
4 Sunken Garden
5 Diana, Princess of Wales Memorial Playground
6 Kensington Palace
7 Royal Albert Hall
8 Serpentine Gallery
9 Apsley House

Aufführungen, Konzerte und Shows aller Art finden in der Royal Albert Hall statt

Staatsgemächer weiterhin besucht werden. (März–Okt. tgl. 10 bis 18, sonst 10–17 Uhr, Einlass bis 17/16 Uhr, www.hrp.org.uk).

Inmitten eines formalen Gartens liegt die **Orangery.** Queen Anne pflegte dort zwischen Zitrusbäumen exklusive Teepartys abzuhalten. Besuchern serviert man heutzutage Frühstück, Lunch oder Kuchen am Nachmittag.

ALBERT MEMORIAL UND ROYAL ALBERT HALL 7 C4

Das 55 m hohe, von George Gilbert Scott im neogotischen Stil errichtete Denkmal aus dem Jahr 1871 ehrt Albert von Sachsen-Coburg-Gotha (1819–1861), den geliebten Ehemann Queen Victorias.

11,2 Mio. Pfund verschlang die acht Jahre dauernde Restaurierung Ende des 20. Jhs., im Zuge derer die Statue des Prinzen unter dem filigranen Steinbaldachin wieder vollständig mit Blattgold belegt wurde.

Der jenseits der Kensington Road aufragende Rundbau, 1867 bis 1871 nach dem Vorbild eines römischen Amphitheaters errichtet, ist eine riesige Konzerthalle von 91 m Durchmesser.

Finanziert wurde die **Royal Albert Hall** im Jahr ihrer Eröffnung durch den Verkauf von 1300 Sitzplätzen für 999 Jahre; viele von ihnen sind heute noch in Privatbesitz.

Am berühmtesten ist die Royal Albert Hall für die **BBC Henry Wood Promenade Concerts (»Proms«)** im Sommer. Bei dieser Serie von klassischen Konzerten dürfen die Zuhörer auf dem Platz vor dem Dirigentenpult stehen oder auf dem Boden sitzen. Tickets gibt es sogar noch an der Abendkasse (Besichtigung im Rahmen von Führungen, Tel. 020-7589 8212, www.royalalberthall.com).

Das Ende der Promenadenkonzerte, **Last Night of the Proms,** ist eine nationale Institution und lange

Karte S. 106

im Voraus ausverkauft. Zeitgleich findet das Festival **Proms in the Park** statt. Zum großen Finale wird die Royal Albert Hall per Großleinwand zugeschaltet.

SÜDLICHER HYDE PARK

Der Spaziergang führt weiter zur **Serpentine Gallery** 8 C4. Einst ein Teepavillon, präsentiert sie heute wechselnde Ausstellungen der Gegenwartskunst. Jeden Sommer entsteht auf den Rasen neben der Galerie ein temporärer Pavillon, den internationale Architektur-Stars entwerfen und der als Café dient. Nahebei: die **Sackler Serpentine Gallery,** eine Dependance der Serpentine Gallery in einem ehemaligen Munitionsdepot mit Anbau von Zaha Hadid.

Etwas westlich kann man im Freibad **Serpentine Lido** D4 baden (10–18 Uhr, im Mai nur an Wochenenden, 1. Juni–12. Sept. tgl., Eintritt £ 4,80, Tel. 020-7706 3422, www.royalparks.org.uk).

Im Südosten erstreckt sich das Gelände, auf dem einst der Crystal Palace, Schauplatz der Weltausstellung von 1851, stand. Dort spielen die Londoner nun Tennis, Fußball und Baseball. Rechts davon ist der Park mit Statuen von Henry Moore durchsetzt.

Hält man sich in Richtung Serpentine und geht unter der Brücke hindurch, gelangt man zum **Princess-Diana-Memorial-Brunnen** D4 von Kathryn Gustafson. Am **Lido** (Café, Umkleidekabinen) ist Baden genauso beliebt wie Rudern. Kurz danach führt eine Brücke zum Glaspavillon eines kleinen Restaurants.

Zaunpfähle grenzen den Lido von der Reiterpromenade **Rotten Row** ab, auf der oft die königliche Household Cavalry vorbeigaloppiert. Früher war die Rotten Row vor allem schick: Damen der Gesellschaft flirteten von ihren Kutschen aus mit den Reitern, während deren Kurtisanen provokativ die Eleganz ihrer Hüte und Pferde zur Schau stellten.

An der **Hyde Park Corner** E4 läuft der Park in einem wunderschön angelegten kleinen Garten aus. Und gleich steht man wieder im dicksten Verkehr, denn an diesem Platz laufen die Boulevards Piccadilly, Park Lane, Knightsbridge und Grosvenor Place zusammen. Auf der Verkehrsinsel in der Mitte behauptet sich der **Wellington Arch** E4, ein Triumphbogen, in dem sich bis 1992 eine winzige Polizeistation verbarg.

APSLEY HOUSE 9 E4

An der südöstlichen Seite von Hyde Park Corner liegt Apsley House, in dem man heute das **Wellington-Museum** besuchen kann. Über den Museumsräumen lebt der derzeitige Herzog, dessen Urahn, der berühmte Duke of Wellington, hier seine Schätze anhäufte. Er kümmerte sich auch persönlich um das Aufhängen der Gemälde, u.a. von Goya, Rubens, Murillo und Velásquez (149 Piccadilly, April–Okt. Mi–So 11–17, Nov.–März Sa, So 10–16 Uhr; Eintritt £ 10, Tel. 020-7499 5676, www.english-heritage.org.uk).

TOUR 6

KNIGHTSBRIDGE & KENSINGTON

VERLAUF: Knightsbridge > Brompton Oratory > Victoria and Albert Museum > Natural History Museum > Science Museum > Brompton Cross

KARTE: Seite 110
DAUER: Gehzeit 1,5 Std.
PRAKTISCHE HINWEISE:

- Zwischen der Ⓤ Knightsbridge und der Ⓤ South Kensington spielt London die Trümpfe des eleganten Shoppings und der großen Museumswelt aus, angefangen beim Victoria and Albert Museum (Fr bis 22 Uhr geöffnet) bis hin zum Natural History und Science Museum (bis ca. 17.30 Uhr).
- Mittags wie abends bietet die Gastronomie eine enorme Auswahl.

TOUR-START: KNIGHTSBRIDGE

Den Spaziergang mit einem Frühstück im **Mandarin Oriental Hotel** (66 Knightsbridge, ehemals Hyde Park Hotel) D4 einzuleiten, ist ebenso extravagant wie vergnüglich: Draußen im Park sieht man die *locals,* die ihre Hunde ausführen, und, wenn man Glück hat, die Kavallerie. Ins Hyde Park Hotel ging einst die junge Prinzessin Elizabeth zur Tanzstunde.

Den Cappuccino bei **Harvey Nichols** (102–129 Knightsbridge, › S. 50) zu nehmen ist definitiv preiswerter als im Mandarin Oriental und kann ebenso unterhaltsam sein. Das Kaufhaus führt v. a. Spitzenkosmetika und Mode etablierter Marken und Designer.

Sloane Street ist die legendäre Adresse internationaler Modestars und des hübschen alten Pubs **The Gloucester** (€).

Das Megakaufhaus **Harrods** 10 D4 › S. 50 mit 230 Abteilungen und mehreren Cafés und Restaurants auf fünf Stockwerken, besteht seit 1849. Mohammed Al-Fayed, der es 1983 erworben hatte, verkaufte es 2010 an Investoren aus Katar. Diese entfernten prompt die Skulptur, die Prinzessin Diana und Al-Fayeds Sohn Dodi darstellt, aus dem Untergeschoss.

Die Londoner haben ein ambivalentes Verhältnis zu Harrods. Sie mokieren sich gerne über den überladenen Luxus, räumen aber ein, dass es dort beste Seidensocken und im August die ersten Moorhühner gibt. Die Food Hall mit ihren Art-Nouveau-Jagdmotiv-Fliesen hat große Anziehungskraft, ebenso der Ausverkauf, bei dem alles stark reduziert wird. Am meisten verkauft wird übrigens ein Kultobjekt – der Harrods Teddybär.

SHOPPING

- In der Nachbarschaft von Harrods finden sich diverse gute Einkaufs- und Restaurantadressen.
- So verrät das »By Royal Appointment«-Schild bei **Rigby & Peller** (2 Hans Rd., www.rigbyandpeller.com), dass hier die Queen ihre Dessous kauft.

- Die kleine Seitenstraße Beauchamp Place hat eine Auswahl an Modeläden, beachtenswert sind z.B. die britischen Designer **Caroline Charles** (Nr. 56) und **Bruce Oldfield** (Nr. 27).
- New Yorker Schick in Sachen Sportmode und v. a. Edelstrick aus Kaschmir führt **MAGASCHONI** (Nr. 20).

ZWISCHENSTOPP: RESTAURANT

ZUMA ❶ €€€

Ausgerechnet ein Deutscher (Chefkoch Rainer Becker) besitzt dieses ultraschicke japanische Restaurant. Alles ist vom Feinsten: wunderbar gewürztes Wagyu Beef, Fisch in würzigen Saucen, Sushi- und Sashimi-Kreationen.

- 5 Raphael St. | Tel. 020-7584 1010
  www.zumarestaurant.com
  Tgl. geöffnet, unbedingt reservieren

BROMPTON ORATORY 11 D5 UND UMGEBUNG

Brompton Oratory, im italienischen Barockstil gebaut, ist nach Westminster Cathedral die wichtigste römisch-katholische Kirche Londons. Unter der 66 m hohen Kuppel entfaltet sich eine ungeahnte Pracht. Ein Besuch des Hochamts ist des namhaften Chores wegen ein Genuss. Es gilt zudem als schick, hier zur Sonntagsmesse um 11 Uhr gesehen zu werden. Bei Hochzeiten

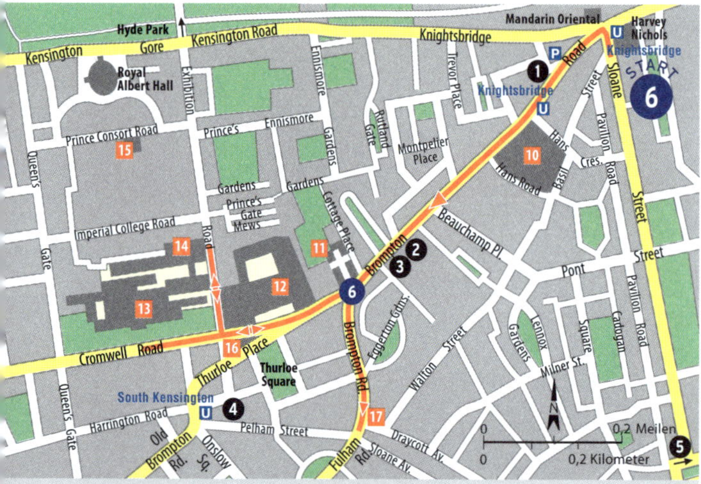

TOUR IN KNIGHTSBRIDGE UND SOUTH KENSINGTON

TOUR 6

KNIGHTSBRIDGE & KENSINGTON

- 10 Harrods
- 11 Brompton Oratory
- 12 Victoria and Albert Museum
- 13 Natural History Museum
- 14 Science Museum
- 15 Royal College of Music
- 16 Ismaili Centre
- 17 Michelin House

Vor dem Victoria & Albert Museum in South Kensington

und Taufen wird eine unvergleichliche Eleganz an den Tag gelegt.

ZWISCHENSTOPP: RESTAURANTS

- Den ganzen Tag gibt es gute Snacks in der **Patisserie Valerie** ❷ (215 Brompton Road).
- Ein paar Türen weiter bekommt man in **The Good Earth** ❸ (€€) exzellente chinesische Küche, mit für Knightsbridge zivilen Preisen. Sehr populär ist das Mittagsmenü mit diversen Nudelsuppen und Reisgerichten (233 Brompton Road, Tel. 020-7584 3658).

SHOPPING

- Bei **Divertimenti** (227–229 Brompton Road) gibt es nahezu alles, was in der Küche nützlich und am Esstisch dekorativ sein kann. Viele ungewöhnliche Kleinigkeiten.
- **B+B Italia** (250 Brompton Road) führt hochwertige Designermöbel.

VICTORIA AND ALBERT MUSEUM 12 ★6 D5

Das »V&A« ist der erste in einer Reihe von Kulturpalästen, die nach dem Erfolg der Great Exhibition von 1851 als Kundgebung viktorianischen Selbstbewusstseins gebaut wurden. Die Faszination dieses Museums macht seine ungeheure Vielfalt aus: Es beherbergt die weltweit größte Sammlung dekorativer Kunst: Möbel, Porzellan, Barockjuwelen, chinesische und japanische Kunst, Kostüme von 1600 bis heute sowie modernes Design.

Besonders wertvolle Stücke aus Großbritannien hat man in den **British Galleries** zusammengetragen. Die **Architekturgalerie** zeigt eine Unmenge von Modellen und Zeichnungen von Palladio bis Mies van der Rohe. Die **indische Abteilung** und die **Jameel Gallery** für islamische Kunst sollte man ebenso wenig verpassen wie die neue Keramikgalerie. Ebenfalls bezaubernd ist der kleine Garten. Eine vorzügliche **Cafeteria** befindet sich im Henry Cole Wing, der **Museumsladen** ist eine Fundgrube für originelle Geschenke. (Museumseingänge in der Cromwell Road und der Exhibition Road, tgl. 10–17.45, Fr 10–22 Uhr, Eintritt frei, außer für Sonderausstellungen und Veranstaltungen, www.vam.ac.uk).

NATURAL HISTORY MUSEUM

13 ★ C5

Schon durch seine spätviktorianische, 225 m lange Terrakottafassade mit Tierdarstellungen erregt das Natural History Museum Aufsehen. Berühmt ist es für die Nachbildung eines Blauwals und die **Dinosaurierabteilung** mit vielen Skeletten der Urzeitriesen. Die Sammlung wurde seit der Zusammenlegung mit dem Geological Museum in »Life and Earth«-Galerien unterteilt. In der Life-Gallery sind über 40 Mio. Exponate zum Leben auf der Erde ausgestellt.

2009 wurde das **Darwin Centre** eröffnet: Eine interaktive Präsentation veranschaulicht eine umfangreiche Sammlung von Pflanzen und Tierarten.

Das Museum bietet ferner eine umfangreiche Bibliothek, Shops und Cafeterias. Der Platz vor der Museumsfassade wird im Winter zur Eislaufbahn. (Tgl. 10–17.50, Einlass bis 17.30 Uhr, Eintritt frei, außer für einige Sonderausstellungen, www.nhm.ac.uk).

SCIENCE MUSEUM 14 C5

Ein überdachter Korridor verbindet das Natural History Museum mit dem Science Museum, das für Jung und Alt faszinierend ist. Wissenschaft und Technik zum Mitmachen – so werden Mechanismen leicht verständlich.

Wie funktioniert digitales Fernsehen? Was gibt es Neues in der Weltraumforschung? Jede Frage wird beantwortet. Ausgestellt sind u. a. die alten Dampfmaschinen von Stephenson, das erste Telefon von Graham Bell, Teleskope von Galilei, Otto Lilienthals erstes Segelflugzeug und die Originalraumkapsel »Apollo 10«. Der **Welcome Wing** zeigt Exponate aus Naturwissenschaft, Technologie und moderner Medizin, die neue **Energy Hall** beschäftigt sich mit dem Thema Energiesparen (tgl. 10–18 Uhr, Eintritt frei, www.sciencemuseum.org.uk).

ABSEITS DER TOUR

Das **Museum of Music ist Teil des Royal College of Music** 15 C4 und stellt rund 800 Instrumente aus (Prince Consort Road, Di–Fr 14 bis 16.30 Uhr, in den Weihnachts- und Osterferien geschl., Eintritt frei, www.rcm.ac.uk).

Das **Ismaili Centre** 16 D5, ein in den 1970er-Jahren gebautes Kulturzentrum in der Cromwell Road (gegenüber dem V & A), finanzierte der Aga Khan als Oberhaupt der Shia-Ismaeliten für seine muslimischen Glaubensbrüder. Die Webseite informiert über oft interessante Sonderausstellungen (https://the.ismaili/ismailicentres/london).

Karte S. 110

Das 25 m lange Skelett eines Blauwals hängt in der Hintze Hall im Natural History Museum

MICHELIN HOUSE 17 D5 UND UMGEBUNG

Knightsbridge und South Kensington, Sitz vieler Botschaften und Konsulate, konkurrieren mit Mayfair und Belgravia um den Status der meistbegehrten Wohnviertel in London. Statt sich der Museumswelt an der Cromwell Road zuzuwenden, könnte man auch der Brompton Road folgen.

Am **Brompton Cross** wird das exquisit restaurierte **Michelin House** zum Blickfang. Die einstige Hauptniederlassung der Reifenfirma fällt durch die Fliesen auf, mit denen das Foyer und Teile der Außenfassade gestaltet sind. 1911 erbaut, ist das Michelin House einer der schönsten Art-déco-Bauten in London. Wo einst Michelin-Arbeiter mit ölverschmierten Händen defekte Reifen ersetzten, schufen der Publizist Paul Hamlyn und Großbritanniens Design-Guru Sir Terence Conran ab Mitte der 1980er-Jahre ein Mekka für Gourmets und Design-Enthusiasten.

Zm Komplex des Michelin House gehören eine Austernbar im Foyer, der Einrichtungsladen **The Conran Shop** und das für seine modern-britische Küche gerühmte **Bibendum** (81 Fulham Road, Tel. 020-7581 5817, tgl. geöffnet, www.bibendum.co.uk, €€€).

ZWISCHENSTOPP: RESTAURANTS

- Studenten des französischen Lyzeums treffen sich gerne beim Wiener Schnitzel direkt neben der Ⓤ South Kensington im unprätentiösen Restaurant **Daquise** ❹ (20 Thurloe St., tgl. geöffnet, €€ › S. 44).

- Wer Trendpunkte sammeln will, trifft sich am Sloane Square mit Freunden im **Café Colbert** ❺ (€€) – einfach nur zu einem Kaffee oder ausgiebiger zu klassischer französischer Brasserie-Küche (51 Sloane Square, Tel. 020-7730 2804, tgl. geöffnet).

TOUR 7

CHELSEA

VERLAUF: Sloane Square › King's Road › Chelsea Town Hall › Chelsea Embankment › Chelsea Physic Garden › Chelsea Royal Hospital › Pimlico Road › Sloane Square

KARTE: Seite 117
DAUER: Gehzeit 2 Std.
PRAKTISCHE HINWEISE:

- Auch hier ist die *tube* das ideale Verkehrsmittel, um den Sloane Square zu erreichen, der gleichzeitig Endpunkt der Tour ist. Auf der Shoppingmeile King's Road wird es nur sonntags etwas ruhiger.
- Wer das Haus des Schriftstellers Thomas Carlyle oder die idyllischen Chelsea Physic Gardens besuchen möchte, sollte einen Nachmittag zwischen Mittwoch und Freitag wählen, im Sommer geht es auch am Wochenende.

TOUR-START: SLOANE SQUARE E5

Der Springbrunnen und der Blumenstand geben dem Sloane Square einem Hauch von Pariser Flair. Das **Royal Court Theatre** 18 E5 produzierte 1956 erstmalig John Osbornes zeitkritisches Stück »Blick zurück im Zorn«. Und G. B. Shaw führt eine lange Liste namhafter Autoren an, deren Stücke hier Premiere hatten. (Mo alle Tickets nur £ 10, online ab 9 Uhr morgens erhältlich; Tel. 020-7565 5000, www.royalcourttheatre.com). Ein Tipp ist das gute Café-Restaurant (€).

Auch das **Kaufhaus Peter Jones** 19 E5 ist eine Institution am Sloane Square, empfehlenswert besonders für Porzellan und Dekostoffe › S. 50.

KING'S ROAD

Chelseas Hauptstraße war einst eine königliche Privatstraße, auf der regelmäßig der Monarch mit großem Gefolge – Frau, Mätresse, Höflinge und Diener – von Whitehall nach Hampton Court zog.

Das Areal der **Duke of York Headquarters** wandelte sich in den letzten Jahren zu einer attraktiven Piazza mit Läden und Cafés. In der Kaserne eröffnete 2008 die **Saatchi Gallery** 20 E5 für moderne Kunst. 7000 m² groß, gehört sie zu den größten Kunstgalerien der Welt (Eintritt frei, tgl. 10–18 Uhr, letzter Einlass 17.30 Uhr, www.saatchigallery.com).

Ab hier sollte man in die Seitenstraßen spähen, die noch etwas ländlich wirken. In der **Royal**

Stand am Chelsea Farmer's Market

Avenue gab Ian Fleming seinem fiktiven Superagenten James Bond eine Londoner Adresse.

152 King's Road wurde 1881 als Atelierhaus gebaut. Und während Prinzessin Serafine Astafieva ihre Balletteleven ausbildete und sich im Kellerklub Politiker trafen, wurden hier auch Fasane gezüchtet, daher der Name **The Pheasantry**. Heute verköstigt eine Filiale des **Pizza Express** viel Laufkundschaft. Die Einheimischen treffen sich lieber im Café der Saatchi Gallery am Duke of York Square.

Gegenüber dem **Chelsea Cinema** (Nr. 206, immer gute Filme, sehr komfortable Sitze), befindet sich die im 19. Jh gebaute **Chelsea Town Hall** 21 D6. Sie ist heute ein beliebtes Standesamt, wie man an der Fülle von Konfetti auf den Treppenstufen sieht.

Überquert man die Straße, findet man in der Sydney Street den **Chelsea Farmer's Market** 22 D6 mit Gartenzentrum, Bioläden und Cafés.

In westlicher Richtung kommt man zu den eleganten Wohnhäusern des **Glebe Place,** einst als Künstlerateliers gebaut, heute von wohlhabenden Bankern bewohnt.

Eine kleine Passage führt gegenüber von **Designer's Guild** (Nr. 267), einem weltbekannten Unternehmen für Interior Design, zum exklusiven **Carlyle Square** 23 D6. Ein Blick in die Untergeschosse zeigt, dass hier selbst »downstairs« alles perfekt gestylt ist.

SHOPPING

- **Cabbages & Roses** (121 Sydney St.) führt englische Retro-Mode und Wohn-Accessoires.
- **Manolo Blahník** (49–51 Old Church St.) ist berühmt für traumhafte Damenschuhe. »Der Fuß muß sich im Schuh aufgehoben fühlen«, sagt er. »Das geht nur, wenn der Schuh sehr gut geschnitten ist«.

- **Rococo** (Nr. 321) dürfen sich Schokoladenkenner nicht entgehen lassen.

ZWISCHENSTOPP: RESTAURANT

Das Café im Innenhof des **Bluebird-Restaurants** ❻ bietet sich an für einen schnellen Espresso, das eigentliche Restaurant (€€), um modern-europäisch zu speisen. Immer gut für ein Erbsenrisotto mit frischer Minze und Kräutersalat (350 King's Road, Tel. 020-7559 1000, tgl.).

CHEYNE WALK UND CHELSEA EMBANKMENT

In dem von gediegener Wohlhabenheit geprägten Cheyne Walk residierten einst z. B. die Autorin George Eliot (1819–1880) und der präraffaelitische Maler Dante Gabriel Rossetti (1828–1882) mit ihren Haustieren, darunter Pfauen und ein Känguru. Der Cheyne Walk ist bis heute eine Topadresse, die sich in den 1960er-Jahren u. a. Mick Jagger gönnte.

ZWISCHENSTOPP: RESTAURANT

Sehr beliebt bei den *locals* ist der mehrmals ausgezeichnete Gastropub **The Pig's Ear** ❼ (€€). Modern-britische Küche, große Weinkarte und Flaschenbier aus Deutschland, Belgien und Tschechien (35 Old Church St., Tel. 020-7352 2908, www.thepigsear.info, tgl.).

SWINGING SIXTIES

Das Empire war verloren, der Zweite Weltkrieg überstanden – Großbritannien erlaubte sich einen Seufzer der Erleichterung. Moral und Manieren wurden lockerer, nach den Rhythmen des amerikanischen Swing begannen britische Kellerkinder, ihren ganz neuen, unerhörten Sound zu spielen. Die Fab Four, die Beatles aus Liverpool, und die ewig bösen Buben, die Rolling Stones, schockierten eine ganze Elterngeneration, während die Teenager in Verzückung gerieten. Mary Quant kürzte die Rocksäume beinahe sittenwidrig – eigentlich nur, um Steuergesetze für Erwachsenenkleidung zu umgehen. Über Paris trat der Minirock dann seinen internationalen Siegeszug an. Der Trend-Friseur Leonard und der Impresario Justin de Villeneuve starteten die Karriere des Models Twiggy. Außer den Kronjuwelen im Tower lockte keine Sehenswürdigkeit so viele Touristen an wie das Londoner Kaufhaus BIBA der Modeschöpferin Barbara Hulanicki, das später durch Missmanagement pleite ging. Es war die Zeit des Flower-Power-Hippie-Glücks mit der Musik von Jimi Hendrix, Cream, Pink Floyd und vielen, vielen anderen. Jede Woche zogen haschischbewusstseinserweiterte Fans zu wenigstens einem bedeutenden Konzert. Die Callgirl-Affäre des Ministers Profumo legte die britische Regierung lahm – wen kümmerte es? »Sex and Drugs and Rock 'n' Roll« waren angesagt, die Jugend hatte ihren eigenen Lebensstil gefunden, bis die Euphorie des wirtschaftlichen Aufschwungs in einer Rezession endete, Mode und Musik kommerziell vereinnahmt waren, der Punk erschien und sein bitterbös-verzweifeltes »no future« von der Bühne brüllte.

In der benachbarten **Chelsea Old Church** 24 D6 (1157) soll Henry VIII seine dritte Frau Jane Seymour schon vor der offiziellen Feier in einer intimen Zeremonie geheiratet haben. Nach dem Zweiten Weltkrieg musste die Kirche fast vollständig erneuert werden.

Östlich der Kreuzung Old Church Street beginnt das **Chelsea Embankment** mit einer Fußgängerpromenade an der Themse.

In der Seitenstraße Cheyne Row gewährt **Thomas Carlyle's House** 25 D6 (Nr. 24) einen Eindruck vom Schriftstellerleben im 19. Jh. Hier im Dachgeschoss verfasste der schottische Philosoph und Historiker seine Biografie über Friedrich den Großen und das Opus über die Französische Revolution (Öffnungszeiten am besten erfragen unter Tel. 020-7352 7087 oder über die Webseite www.nationaltrust.org.uk).

Zurück am Chelsea Embankment hat man einen Blick auf die Kolonie von Hausbooten und die von J. McNeill Whistler bemalte **Battersea Bridge.** In eleganter Konstruktion überspannt die romantische **Albert Bridge** seit 1873 weiter östlich die Themse.

ROYAL HOSPITAL ROAD

Von seiner Statue am Beginn der Royal Hospital Road schaut **Sir Thomas Moore** grimmig auf den Verkehr. Etwas Ruhe findet man im **Chelsea Physic Garden** 26 D6 (Eingang Swan Walk), den die Apothekergesellschaft 1673 gründete, um die therapeutische Wirkung chinesischer Heilkräuter zu studieren.

TOUR IN CHELSEA

TOUR 7

CHELSEA

18 Royal Court Theatre
19 Kaufhaus Peter Jones
20 Saatchi Gallery
21 Chelsea Town Hall
22 Chelsea Farmer's Market
23 Carlyle Square
24 Chelsea Old Church
25 Thomas Carlyle's House
26 Chelsea Physic Garden
27 Chelsea Royal Hospital
28 Pimlico Road

Karte S. 117

(meist 11–18 Uhr, Sa geschl., www.chelseaphysicgarden.co.uk).

Die **Tite Street,** eine Seitenstraße der Royal Hospital Road, zählt zu den typischen hübschen Chelsea-Straßen. Oscar Wilde lebte elf Jahre lang im Haus Nr. 34 und amüsierte seine Freunde mit Bonmots wie: »Ich kann allem widerstehen, außer der Versuchung.«

ZWISCHENSTOPP: RESTAURANT

Im Gastrotempel von **Gordon Ramsay** 8 (€€€) muss man zwar tief in die Tasche greifen, die exzellente Kombination von klassisch-französischer Kochkunst, Ambiente und Service ist es aber dennoch wert (68 Royal Hospital Rd., Tel. 020-7352 4441, Sa, So geschl.).

Der Geschichte der britischen Armee seit 1485 widmet sich das **National Army Museum.**

Das nahe **Chelsea Royal Hospital** 27 ★ E6 zählt zu den schönsten Gebäuden Londons. Die Inspiration dazu lieferte das Hôtel des Invalides in Paris. Charles II beschloss, ein Hospiz für Veteranen zu gründen, und beauftragte Christopher Wren mit dem Bau. Es entstand eine Wohnanlage unter königlicher Schirmherrschaft für 420 pensionierte Soldaten. Überall im Viertel sieht man noch heute die *Chelsea Pensioners* in ihren ordenbehängten Uniformen.

In den Gärten des Royal Hospital veranstaltet die Royal Horticultural Society alljährlich ihre **Chelsea Flower Show** › S. 68. Immer Ende Mai schaffen hier alle wichtigen Gärtner Großbritanniens ein buntes, duftendes Blütenmeer, und ein Heer von Pflanzenliebhabern wartet in langen Schlangen auf Einlass. Der Kartenvorverkauf beginnt Monate im Voraus (www.rhs.org.uk).

Die Royal Hospital Road geht über in die **Pimlico Road** 28 E5

In der Tite Street lebte Oscar Wilde viele Jahre

mit ihren guten Antiquitätenläden und dem Café und Delikatessenladen von **Daylesford** (Nr. 44). Dies ist der Vergnügungstempel der »Haute Organic«-Bewegung, der schicken Bio-Generation.

Im **Pimlico Green** gegenüber findet samstagmorgens ein Farmer's Market statt.

TOUR 8

CHARMANTES NOTTING HILL

VERLAUF: Pembridge Road > Ledbury Road > Westbourne Grove > Portobello Road > Blenheim Crescent > Portland Road > Holland Park

KARTE: Seite 120
DAUER: Reine Gehzeit 3 Std.
PRAKTISCHE HINWEISE:

- Die Frage, ob man zum Portobello Market möchte oder nicht, entscheidet über die Besuchstage in Notting Hill (ab Ⓤ Notting Hill Gate), denn sonntags wird nicht gehandelt.
- Der Holland Park aber hat immer Saison, nur Minuten entfernt ist dort die Ⓤ Holland Park.

TOUR-START: PEMBRIDGE ROAD B3

Jedes Wochenende schieben sich Tausende von Menschen durch die Pembridge Road, vorbei an bunt bemalten Häuserfassaden und Läden mit Secondhand-Kleidung. Eine echte Kuriosität ist im Obergeschoss des **Prince Albert Pub** 29 B3 (Nr. 11) zu entdecken: das **Gate Theatre,** eines der ältesten Pub-Theater in London (www.gatetheatre.co.uk).

Die strahlend weißen Villen der **Ledbury Road** 30 B3 machen es deutlich: Notting Hill ist zwar Schmelztiegel vieler Gesellschaftsschichten, aber seit das Viertel als Kulisse für den gleichnamigen Film Karriere machte, sind die Immobilienpreise davongaloppiert. Dennoch gefällt die Ledbury Road durch ihre bunte Mischung von Designerläden. Immer einen Blick wert sind die Schuhe von **Emma Hope** (Nr. 207, Ecke Westbourne Grove, www.emmahope.com).

Rechter Hand hat sich in der **Westbourne Grove** 31 A/B3 eine Reihe von Interior-Design-Läden und Restaurants etabliert. Am sympathischsten: Die Weinbar **Negozio Classica** (Nr 283).

Nach Westen hin stolpert man förmlich über gertenschlanke Schönheiten, die in Boutiquen wie **Joseph** (Nr. 236) Kleider mit wenig Stoff anprobieren. Filmreif passend dazu nicken ihre männlichen Begleiter vom Typ Mir-gehört-die-Welt zustimmend und zücken die Kreditkarte. Selbstverständlich darf dann der Espresso oder ein Croissant in **New Toms Café/Restaurant** (Nr 226) nicht fehlen.

Im Blumenladen **Wild at Heart** (öffentliche Toilette nebenan) hat sich der Architekt Piers Gough ein schmuckes Denkmal gesetzt.

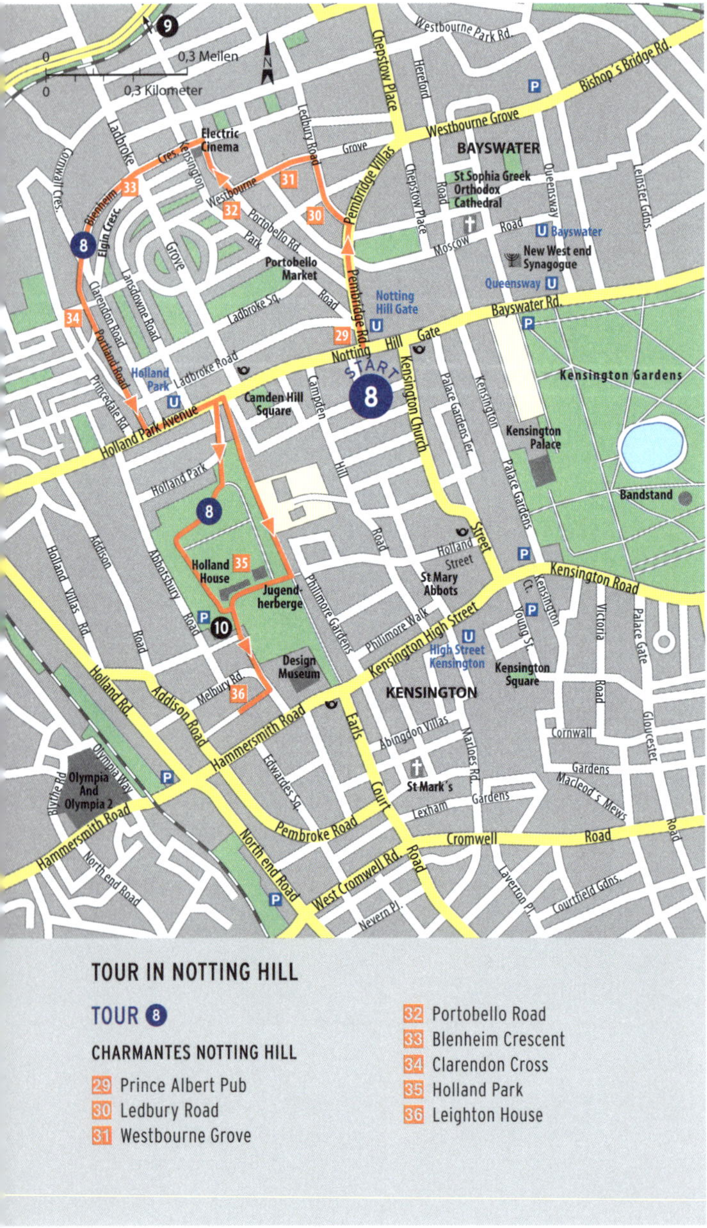

TOUR IN NOTTING HILL

TOUR 8

CHARMANTES NOTTING HILL

- 29 Prince Albert Pub
- 30 Ledbury Road
- 31 Westbourne Grove
- 32 Portobello Road
- 33 Blenheim Crescent
- 34 Clarendon Cross
- 35 Holland Park
- 36 Leighton House

PORTOBELLO ROAD 32 A3

Die Westbourne Grove führt zur Portobello Road, Londons erster Adresse für Antiquitäten und Trödel: Der **Portobello Road Market** 7 (tgl. außer So, am besten Fr und Sa) zieht sich fast 2 km über die gesamte Länge der Straße durch Notting Hill. Londons ältester Straßenmarkt (1837) ist wunderbar zum Bummeln und Stöbern und immer für Überraschungen gut. Bis zum Elgin Crescent wird mit Antiquitäten gehandelt, weiter nördlich gibt es mehr Trödel. Im **Cloth Shop** (Nr. 290) überwältigt die Riesenauswahl an exquisiten Stoffen aus aller Welt.

Cineasten genießen in bequemen Ledersesseln oder Sofas das Programm der Kultfilme des **Electric Cinema** (Nr. 191, www.electriccinema.co.uk).

ZWISCHENSTOPP: RESTAURANT

Der Tipp für Leute-Gucken und gute Snacks: **Pizza East Portobello** 9 (310 Portobello Rd., Tel. 020-8969 4500, tgl.).

Ende August ist die Portobello Road auch die Open-Air-Bühne für den farbenprächtigen **Notting Hill Carnival** › S. 69, den die aus der Karibik stammenden Einwohner ausgelassen feiern. › mehr S. 12 Punkt 3

Auf dem Weg zum Holland Park – schön ist der Spaziergang durch **Blenheim Crescent** 33 A3 und **Portland Road** – kommt man zu der mit Olivenbäumen bepflanzten kleinen Enklave **Clarendon Cross** 34 A3. Mit Modeläden wie **The Cross** (141 Portland Road) und Bars wie **Julie's** (Nr. 135) ist es hier ebenso trendy wie in Notting Hill.

SHOPPING

- In 4 Elgin Crescent findet man bei **Graham & Green** Wohnaccessoires wie marokkanische Teegläser oder Dekostoffe, ferner Schals, Taschen und Schmuck von jungen, wenig bekannten Designern.
- Auch der Blenheim Crescent hat eine Reihe spannender Läden: Der **Spice Shop** (Nr. 1) führt Gewürze aus aller Welt.
- **Books for Cooks** (Nr. 4) hat sich auf Kochbücher aus aller Herren Länder spezialisiert – an die 8000 sind vorrätig – und ist gleichzeitig ein Café › S. 51.

HOLLAND PARK 35 A4

Der Holland Park selbst hat mit romantischen Blumenrabatten, Rad schlagenden Pfauen, Waldlehrpfad, Abenteuerspielplatz und einem netten Freilichttheater viel für die ganze Familie zu bieten.

ZWISCHENSTOPP: RESTAURANT

Die modern-europäische Küche des **The Belvedere** 10 (€€–€€€) hat ihren Preis – auch wegen der schönen Lage mitten im Holland Park (Zufahrt über Abbotsbury Road, Tel. 020-7602 1238, tgl.).

Leighton House 36 A5, etwas südlich das Parks gelegen und einst Wohnhaus des viktorianischen Künstlers Sir Frederic Leighton (1830–1896), wirkt seit der Renovierung 2010 wie neu geboren. Staunen lässt v.a. die Arabische Halle mit Fliesen aus Rhodos, Kairo, Damaskus und der Türkei (12 Holland Park Rd., Tel. 020-7602 3316, tgl. außer Di 10–17.30 Uhr).

CITY OF LONDON

Die Millennium Bridge führt über die Themse zur St. Paul's Cathedral

Starke Kontraste in der brodelnden City: St. Paul's Cathedral, stille Gassen im Quartier der alten Rechtsschulen, schmucke kleine Kirchen und mächtige Tempel der Finanzwelt, deren Wolkenkratzer Londons Skyline prägen.

Traditionell wird die City of London mit der St. Paul's Cathedral sowie den Institutionen von Recht, Finanzen und Presse assoziiert. Die Fleet Street, einst weltberühmte Hochburg des britischen Zeitungswesens, erhielt ihren Namen von dem dort verlaufenden und 1765 überdeckten Fluss Fleet. Die nahe gelegenen Inns (Schulen des Rechts) sind Zentren der englischen Justiz. Lange pflegten Anwälte und Journalisten in den Bars gute Weine zu trinken.

Die Zeitungsredaktionen sind längst ausgezogen, die Juristen hingegen haben es verstanden, sich seit Jahrhunderten eine grüne Oase inmitten der hektischen Großstadt zu erhalten. Die Inns bilden eine faszinierende Stadt in der Stadt, in der man immer noch Advokaten mit weißen Perücken und schwarzen Talaren begegnet.

Der zweite Spaziergang führt durch das Zentrum der Finanzwelt, die eigentliche City. Dieser älteste Teil Londons auf dem Gebiet einer römischen Siedlung wurde 1666 vom Großen Feuer fast völlig vernichtet. Weitere Zerstörungen erlitt der Stadtteil während des Zweiten Weltkriegs. Zwischen Barockkirchen und viktorianischen Bürogebäuden machen sich heute monumentale, in den Himmel ragende Bankenpaläste breit. Dies führt zum ständigen Streit zwischen den Befürwortern moderner Architektur und den »Heritage«-Gruppen, die aus London am liebsten ein Museum machen möchten.

Die »Gurke« im Londoner Finanzviertel

Der Kontrast zwischen mittelalterlichen Kirchen, klassizistischen Prachtbauten und modernen Hightech-Türmen gehört jedoch zum Charme der City, die seit einer Reihe von Bombenanschlägen der IRA teilweise für Autos gesperrt ist. An Wochenenden ist sie sehr ruhig, an Arbeitstagen aber strömen Tausende von Pendlern in die City.

TOUREN IN DER CITY OF LONDON

TOUR 9

INS REICH VON LAW AND ORDER

VERLAUF: St. Paul's Cathedral › Fleet Street › Temple › Inns of Court › Royal Courts of Justice › Sir John Soane Museum › London Silver Vaults › Staple Inn

KARTE: Seite 126
DAUER: Reine Gehzeit 2–3 Std.
PRAKTISCHE HINWEISE:

- Werktags ist die Central Line zur Ⓤ St. Paul's ziemlich voll, sonntags hat St. Paul's Cathedral nur für Gottesdienste geöffnet (und schließt tgl. um 16 Uhr).
- Die London Silver Vaults sind am Samstagnachmittag und Sonntag geschlossen; das interessante Haus des Architekten Sir John Soane hat So und Mo Ruhetag.
- Endpunkt der Tour ist die Ⓤ Chancery Lane.
- Geführte Spaziergänge durch die City beginnen jeden Tag um 11 und um 14 Uhr vor dem Information Office gegenüber von St. Paul's.

TOUR-START: ST. PAUL'S CATHEDRAL 1 8 J3

Im Jahr 1675 begann Sir Christopher Wren den mächtigen Kuppelbau, den man von der Westseite her betritt. Nach der Sperre öffnet sich der goldschimmernde Raum der Londoner Bischofskirche (die Westminster Abbey dient als Krönungs- und Grabeskirche der Könige). In den Seitenschiffen reihen sich die Ehrengrabmäler für verdiente Militärs, darunter auch Wellington und Nelson. Den durch eine Bombe zerstörten Hochaltar ersetzt seit 1958 ein Marmoraltar. Chor und Orgel, auf der schon Händel und Mendelssohn spielten, ziert Schnitzwerk (Grinling Gibbons).

Lohnend ist der Aufstieg vom Südwestpfeiler in die **Kuppelgalerien.** Von allen fünf Galerien genießt man einen guten Ausblick auf die Stadt. In der Whispering Gallery (Flüstergalerie) ist das leiseste Wort noch in 30 m Entfernung vernehmbar. Reynolds, Turner, van Dyck, Constable und Blake sind in der »Malerecke« bestattet. Die 40 Mio. Pfund teure Renovierung der Kathedrale anlässlich des 300-jährigen Jubiläums wurde 2011 abgeschlossen (Mo–Sa 8.30–16 Uhr, Eintritt £ 18, www.stpauls.co.uk).

Die Atmosphäre von St. Paul's erlebt man am stärksten bei winterlichen Abendandachten, Orgelkonzerten oder bei großen Messen. Der berühmte Chor singt sonntags um 11.30 Uhr. Das **Café in der Krypta** › S. 49 bietet sich für eine Rast an.

AN DER FLEET STREET

Als im späten 15. Jh. die Druckerpresse rasche Verbreitung fand, ent-

Im Inneren der St. Paul's Cathedral

wickelte sich die Fleet Street zum Zentrum der Londoner Zeitungsindustrie. 1987 war die »Times« die erste Zeitung, die in die Docklands zog. Es gab erbitterte Demonstrationen gegen diese Entscheidung, doch andere Blätter zogen nach. Heute ist die Fleet Street eine Straße mit Büros und den üblichen Läden. Selbst die Nachrichtenagentur Reuters hat ihren Sitz in die Docklands verlegt.

WRENS MEISTERWERK

Als Christopher Wren (1632–1723) nach dem Großen Feuer des Jahres 1666 den Auftrag erhielt, die City und ihre Kirchen wieder aufzubauen, war er 43 Jahre alt. St. Paul's widmete er die folgenden 35 Jahre seines Lebens.

Ursprünglich hatte der vielseitige Gelehrte – Wren hatte auch Mathematik und Astronomie studiert und war Professor für Anatomie in Oxford – geplant, das Zentrum der City mit großen Boulevards und Plätzen vollkommen neu zu gestalten. Für St. Paul's schlug er einen griechisch inspirierten Bau vor, stieß aber auf Widerstand des Klerus, dem das alles zu neumodisch war. Erst der dritte Entwurf von St. Paul's wurde schließlich akzeptiert. Natürlich erhielt Christopher Wren in der Kirche auch einen Ehrenplatz. Auf seinem Grabmal in der Krypta steht in lateinischer Sprache die Botschaft: »Leser, wenn Du mein Denkmal suchst, sieh Dich nur um.«

Die nach dem Zweiten Weltkrieg wieder aufgebaute Wren-Kirche **St. Bride's** 2 J3 gilt nach wie vor als Pfarrkirche der Presse. Ihr Glockenturm, der oft mit einem Hochzeitskuchen verglichen wird, überstand wie durch ein Wunder den Bombenhagel im Jahr 1940.

17 Gough Square ist die Adresse von **Dr. Johnson's House** 3 J3. Der Kritiker, Lexikonautor und Herausgeber einer Shakespeare-Gesamtausgabe Samuel Johnson lebte hier Mitte des 18. Jhs. und war bekannt für seinen Witz. »Mit den Weisen zu lächeln und den Reichen zu speisen«, lautet eine seiner von seinem Biografen James Boswell festgehaltenen Devisen. Zahlreiche Manuskripte und Einrichtungsgegenstände sind erhalten (Mo–Sa 11–17 Uhr).

TOUREN: CITY OF LONDON

TOUR 9

INS REICH VON LAW AND ORDER

1 St. Paul's Cathedral
2 St. Bride's Church
3 Dr. Johnson's House
4 Inner Temple
5 Middle Temple
6 Temple Church
7 Royal Courts of Justice
8 Sir John Soane Museum
9 Old Curiosity Shop
10 London Silver Vaults
11 Staple Inn

TOUR 10

IM HERZEN DER CITY OF LONDON

12 Smithfield Central Market
13 St. Bartholomew-the-Great
14 Museum of London
15 Barbican Centre
16 Swiss Re Tower (The Gherkin)
17 Lloyds Building
18 Leadenhall Market
19 Monument
20 London Bridge
21 Fishmongers' Hall
22 St. Stephen Walbrook
23 Mansion House
24 Bank of England
25 The Royal Exchange
26 Stock Exchange
27 Guildhall
28 St. Mary-le-Bow

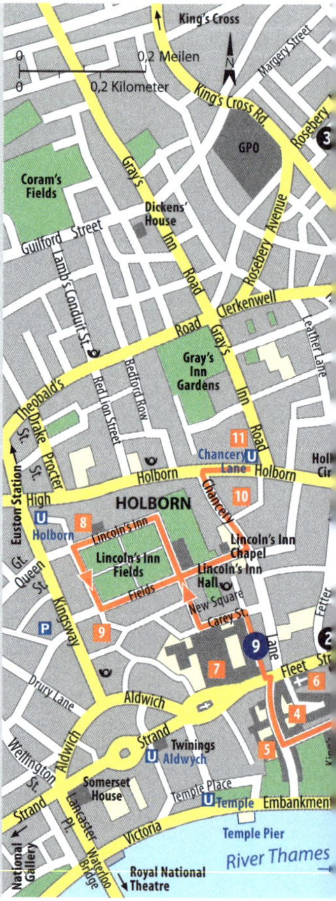

ZWISCHENSTOPP: RESTAURANTS

- Trotz der Spielautomaten in einem ihrer Räume hat die 1667 gebaute Taverne **Ye Olde Cheshire Cheese** ❶ (€€, 145 Fleet Street) ihren historischen und stimmungsvollen Charakter behalten. Zu den Literaten, die in dem verwinkelten Pub mit etlichen Bars und Speiseräumen einkehrten, gehörten u. a. Dr. Johnson, Charles Dickens, William Thackeray, James Boswell und Mark Twain. Ein Tipp für alle, die englische Küche probieren möchten: Ye Olde Cheshire Cheese ist berühmt für Steak and Kidney Pie (Rindfleisch-Nieren-Auflauf).
- In der Fleet Street stand die Weinbar **El Vino** ❷ (€€) lange Zeit exemplarisch für die antiquiert-ablehnende Haltung gegenüber Frauen im Geschäftsleben der City. Das hat sich geändert: Längst sind sie nun gern gesehene Gäste, und

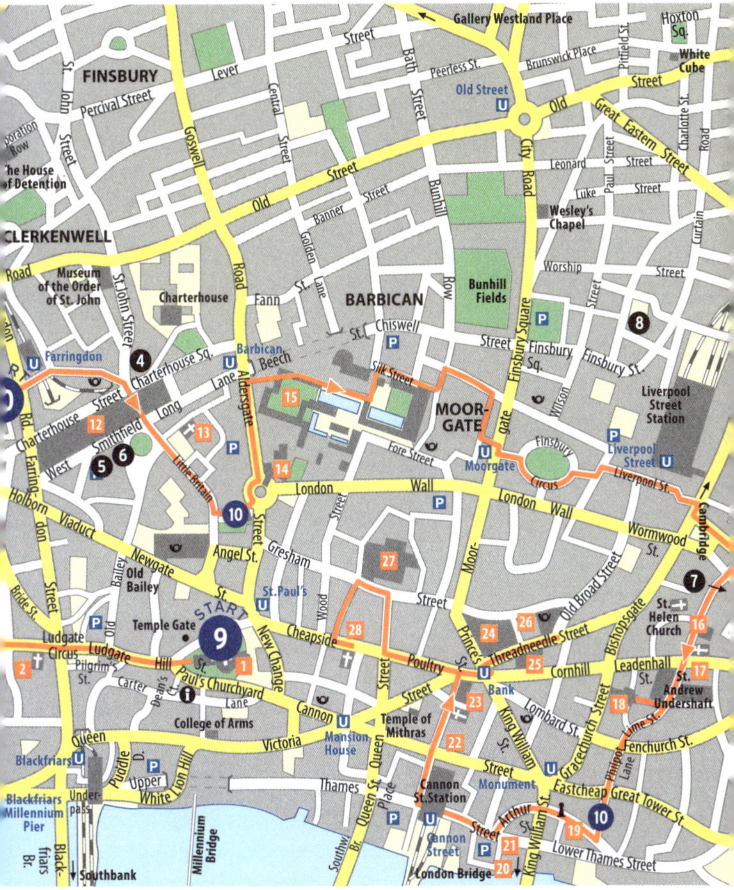

auch für die Herren fiel die alte Kleiderordnung (Nr. 47, www.elvino.co.uk, Sa, So geschl.).

ABSEITS DER TOUR

Twinings Tea Shop H3 ist seit 1717 eine Institution. Zum Laden gehört ein kleines Museum, das die Geschichte der Familie Twinings erzählt (216 The Strand).

The College of Arms J3, das Amt für Wappenkunde und Ahnenforschung, wurde 1484 gegründet. Es ist die offizielle Aufbewahrungsstätte für Waffenröcke, Wappen und Stammbäume (130 Queen Victoria Street, Mo–Fr 10–16 Uhr, Tel. 020-7248 2762, www.college-of-arms.gov.uk).

LONDONS TRADITIONS-PUBS

- **Cat & Mutton:** Beliebter Pub in einem georgianischen Haus in Hackney (Ostlondon). > S. 47
- **The Footman:** Wie Mayfair insgesamt eben: ein wenig edler als andere. > S. 47
- **The Gloucester:** Behagliches Ambiente im modischen Knightsbridge. > S. 109
- **Ye Old Cheshire Cheese:** Seit 1667 eine zuverlässige Adresse in der City. > S. 127
- **The George Inn:** Hier wechselten früher die Kutscher ihre Pferde in Southwark. > S. 144
- **The Prospect of Whitby:** In Wapping; angeblich der älteste Themse-Pub. > S. 153

INNS OF COURT: TEMPLE

Der Hare Place führt von der Fleet Street in Richtung Themse zu den **Mitre Court Buildings,** dem Eingang zum **Inner Temple** 4 H3 und zum **Middle Temple** 5 H3. Durch dieses Labyrinth von Gassen, Innenhöfen und Gärten mit College-Atmosphäre zu wandern ist ein Vergnügen – besonders abends, wenn die Gaslampen angezündet werden. Vieles scheint noch so wie in Charles Dickens' 1841 erschienenem Roman »Barnaby Rudge«. Die Inns (Rechtsschulen, in denen Anwälte und Studenten auch wohnten) wurden im 14. Jh. eingerichtet: Gray's Inn, Lincoln's Inn sowie Inner Temple und Middle Temple, alle mit Bibliothek, Vorlesungs- und Aufenthaltsräumen. Die Inns gelten noch immer als beste Adresse für Advokaten.

Die schon 1195 geweihte **Temple Church** 6 H3, eine der ältesten Kirchen Londons wurde vom Tempelritterorden nach dem Vorbild der Grabeskirche in Jerusalem gebaut. Die 1118 gegründeten »armen Kampfgenossen Christi und des Tempels Salomons« machten im Zeitalter der Kreuzzüge Geschäfte mit dem Schutz von Pilgern. Im 13. Jh. verkörperten sie die europäische Hochfinanz und besaßen wertvolle Immobilien. 1312 wurde der Orden aufgelöst, das Gelände den Knights Hospitallers, dem Johanniterorden, übergeben, der es an die Rechtsschulen verpachtete. (Kirche geöffnet meist Di–Fr, Tel. 020-7353 8559, manchmal Konzerte, www.templechurch.com.)

Die Temple Church aus dem 12. Jh. wurde auch Grablege der Tempelritter

ROYAL COURTS OF JUSTICE 7 H3 – LINCOLN'S INN FIELDS

Weiter geht es nach Norden, zurück auf die Fleet Street. Das riesige neogotische Gebäude mit der Ausstrahlung einer Kathedrale sind die **Royal Courts of Justice**, auch bekannt als Law Courts. Während im **Old Bailey** › S. 26 Kriminalfälle verhandelt werden, führt man hier Zivilprozesse. Um den rechteckigen begrünten **New Square** gruppieren sich pittoreske Häuser aus dem 16. und 17. Jh. mit vielen namhaften Anwaltskanzleien. Hier einen Arbeitsplatz zu haben bedeutet, privilegiert zu sein.

Der nordwestliche Ausgang des New Square führt zu den **Lincoln's Inn Fields.** In dem kleinen zentralen Park – 1442 entstanden und unter den Tudors und Stuarts ein Ort der öffentlichen Hinrichtungen – spielen heute Anwälte gern Tennis.

Am nördlichen Ende der Lincoln's Inn Fields liegt das **Sir John Soane Museum** 8 H2. Sir John Soane wurde hauptsächlich bekannt als Architekt der Bank of England › S. 134. Eine großzügge Erbschaft ermöglichte ihm den Kauf von drei spätgeorgianischen Häusern, die er miteinander verband und mit Elementen aus Neoklassizismus, ägyptischem Stil und Gotik variierte. Die Fassadengestaltung war so provokant, dass Soane sie vor Gericht rechtfertigen musste. Der Architekt nutzte das Haus ebenso als Privatwohnung wie als Schaukasten seiner Arbeit. Neben den Modellen seiner Entwürfe sieht man Bilder von Hogarth, Reynolds und Turner sowie viele Kuriositäten, die er auf Reisen zusammentrug › mehr S. 16 Punkt 23 (Di–Sa 10–17, letzter Einlass 16.30 Uhr, am 1. Di im Monat 18–21 Uhr, dann Führungen bei

Kerzenschein, Eintritt frei, www.soane.org).

In der Südwestecke der Lincoln's Inn Fields führt die Portsmouth Street zum **Old Curiosity Shop** 9 H3 (Nr. 13/14). 1567 gebaut, lieferte er Charles Dickens die Inspiration für die gleichnamige Geschichte. Mittlerweile werden in dem windschiefen Gebäude handgearbeitete Schuhe verkauft.

LONDON SILVER VAULTS 10 H2 UND STAPLE INN

Zurück am New Square, führt der Weg durch die Stone Buildings zum Old Square. Man verlässt ihn durch sein Tor zur **Chancery Lane** und steht genau gegenüber dem Schriftzug **»London Silver Vaults«**. Der Eingang zu den »Silbergewölben« liegt um die Ecke in den Southampton Buildings. Mächtige Stahltüren öffnen sich zu einer gloriosen unterirdischen Welt. Rund 50 Händler offerieren hier das angeblich größte Silberangebot der Welt (Mo–Fr 9 bis 17.30, Sa 9–13 Uhr, www.thesilvervaults.com).

Bei den Southampton Buildings öffnet sich ein kleines Tor zu einem hübschen Garten und direkt zur Straße Holborn. Holborn war einst ein lebendiges Einkaufsquartier. An der Ecke Holborn/Gray's Inn Road liegt das prächtige **Staple Inn** 11 H2, ein ehrwürdiges Gebäude, das auf Shakespeares Zeit zurückgeht und einst Herberge der Wollhändler war (1753 erneuert).

Leider ist das Gebäude für die Öffentlichkeit heute nicht mehr zugänglich.

TOUR 10

IM HERZEN DER CITY OF LONDON

VERLAUF: Smithfield Market > St. Bartholomew-the-Great > Museum of London > Barbican Centre > Liverpool Street Station > Swiss Re Tower und Lloyds Building > Leadenhall Market > Monument > London Bridge > Mansion House > Bank of England > Royal Exchange > Guildhall > St. Mary-le-Bow

KARTE: Seite 126

DAUER: Reine Gehzeit 3 Std.

PRAKTISCHE HINWEISE:

- Startpunkt ist die Ⓤ Farringdon in einem alten, volkstümlichen Teil der City, wo das Marktleben des Smithfield Market die Atmosphäre prägt, v. a. wochentags.
- Das sehenswerte Museum of London hat täglich geöffnet, die Aussichtsplattform des Monument ebenfalls (bis 17 Uhr).
- Ein fester Termin sind freitags die Lunchtime-Konzerte in St. Stephen Walbrook, Mo–Fr haben auch die Lokale um Mansion House Hochkonjunktur in Bankerkreisen.
- Endpunkt: Ⓤ Mansion House

TOUR-START: AN SMITHFIELD CENTRAL MARKET 12 J2

Für den letzten Großmarkt im Zentrum Londons, den **Smithfield Central Market,** baute der auf

Markthallen spezialisierte Architekt Sir Horace Jones eine wunderschöne viktorianische Glas- und Eisenkonstruktion.

Der alte Fleischmarkt war für seinen Gestank ebenso berüchtigt wie für die stets betrunkenen Händler und den Verkauf von Ehefrauen im 19. Jh. Da Scheidungen in jener Zeit sehr schwierig waren, hatten Markthändler einfach ihre ungeliebten Frauen mitgebracht und sie zusammen mit ihrer »normalen« Ware zum Verkauf angeboten. All dem wurde ein Ende gesetzt, als eine neue Markthalle entstand, in der nur mit Schlachtfleisch gehandelt werden durfte.

Bis vor wenigen Jahren galt dieses Viertel als Niemandsland zwischen City und West End – bis die Szene den Reiz der leer stehenden Industriegebäude entdeckte. Heute mischen sich rund um den Markt historische Schenken und progressive Galerien zu einem kosmopolitischen Cocktail.

ZWISCHENSTOPP: RESTAURANTS

- Fünf Minuten vom Smithfield Market entfernt (in westlicher Richtung) ist die Brasserie **Caravan** ❸ (€€) im lebendigen Viertel Exmouth Market (11–13 Exmouth Market, Tel. 0207-833 8115) einen Besuch wert.
- In der einstigen Räucherei **St. John** ❹ (€€) bereitet die Küche britische Klassiker wie Roastbeef mit Meerrettichsauce zu (26 St. John St., So geschl.).
- **The Grill on the Market** ❺ (€€) hat ein großes Angebot an Steaks und Meeresfrüchten (2–3 West Smithfield, Tel. 020-7246 0900, So geschl.).
- Eine weitere empfehlenswerte Adresse ist das Geschäft und Restaurant/Café **Carluccio's** ❻ (€) mit gutem italienischem Kaffee und besten Snacks (12 West Smithfield, tgl.).

ST. BARTHOLOMEW-THE-GREAT 13 ★ J2

Anno 1123 gründete der Kapuzinermönch Rahere das St. Bartholomew's Hospital. Schräg gegenüber führt ein elisabethanisches Torhaus zu St. Bartholomew-the-Great, der zweitältesten Kirche Londons. Das Gotteshaus wurde zeitgleich mit dem Hospital erbaut und ist, nach sorgfältiger Restaurierung, ein Musterexemplar des normannischen Stils. Hier ein Konzert zu besuchen hat durch die mittelalterliche Atmosphäre des Kirchenraums besonderen Reiz.

Im Sträßchen **Little Britain** sieht man die Kuppel der St. Paul's Cathedral und die komplexe Mischung der Bauten aus dem Mittelalter, dem 18., 19. und 20. Jh. Der Architekturmix spiegelt den steten Neuaufbau der City nach Bränden und Bombenangriffen.

MUSEUM OF LONDON

14 ★ J2

Dieses Museum bringt dem Besucher die Geschichte der City und ganz Londons nahe. In chronologischer Anordnung entfalten nachempfundene Straßenszenen und Interieurs – etwa ein elisabethanischer Salon, Kostüme des 18. Jhs., viktorianische Ladenfronten und ein Friseurladen der 1930er-Jahre – ein eingängiges Bild des Wandels

Der Leadenhall Market strahlt wieder im Glanz der viktorianischen Zeit

über die Jahrhunderte (tgl. 10–18, letzter Einlass 17.30 Uhr, www.museumoflondon.org.uk).

BARBICAN CENTRE 15 J/K2

Die kantige Betonlandschaft des Barbican Centre entstand in den 1960er-Jahren als Prestigeprojekt mit Apartments, Büros und Kulturhallen.

Man betritt den Komplex durch Gate 9 von den Grünanlagen der Beech Street her. Treppen führen hinunter zur **Lakeside Terrace,** einer Piazza mit künstlichem See, Restaurant und Springbrunnen – typisch für die Idee vieler Architekten, ein Stück Florenz im modernen London zu reproduzieren. Der idyllische Wintergarten kann für festliche Anlässe gemietet werden.

Etabliert hat sich das Barbican Centre als Veranstaltungsort für Konzerte, Tanzevents, Kunstausstellungen und Filmabende. Haupteingang in der Silk Street; www.barbican.org.uk.

ZWISCHEN LIVERPOOL STREET STATION UND FENCHURCH STREET

Jenseits von Moorgate drängen sich auch um den gepflegten Garten des **Finsbury Circus** die Büros großer Firmen. Direkt neben dem viktorianischen Bahnhof **Liverpool Street,** heute mit Hightech-Anbauten versehen, leuchtet ziegelrot das **Andaz Hotel** (Teil der Hyatt-Hotelgruppe, vormals Great Eastern Hotel) mit Restaurants, Bars und Pub.

Unübersehbar erhebt sich – Luftlinie ca. 300 m südlich – gleich bei der Kirche St. Andrew Undershaft der glitzernde **Swiss Re Tower** 16 L3, der offiziell nach seiner Adresse 30 St. Mary Axe heißt und im Volksmund **The Gherkin** (»die Essiggurke«) genannt wird. Sir Norman Foster entwarf das knapp

180 m hohe, unverwechselbare Bürogebäude. Seine Struktur prägt ein oben spitz zulaufendes Geflecht aus Stahl, gefüllt mit spiegelndem Glas.

Auf der anderen Seite der kleinen Kirche ragt der auffällige Stahlkoloss des **Lloyds Building** 17 K/L3 auf, entworfen von Richard Rogers, 1986 eingeweiht.

Zu jüngeren baulichen Highlights der City gehören unter anderem das **»Cheesegrater«-Bürohochhaus** von Richard Rogers und die gläserne Zentrale der **Rothschild-Bank** von Rem Kohlhaas. Von hier hat man auch einen guten Blick auf Renzo Pianos **The Shard** an der Südseite der London Bridge.

Von Whittington Avenue her betritt man den **Leadenhall Market** 18 K3 auf dem Gelände des römischen Forums und der Basilika. Im frühen 14. Jh. fand hier der Geflügelmarkt statt. Nach der Restaurierung der großartigen Arkade im 20. Jh. findet man in den Lebensmittelläden nun vornehmlich britische Edelprodukte und Cafés für junge Banker. Am schönsten ist der Markt zur Weihnachtszeit.

In der Umgebung von Lime Street und Philpot Lane finden sich Fachgeschäfte für Herrenmode wie **Moss Bros.** An die weiblichen City-Angestellten, die mehr und mehr die Männerwelt der City erobern, richtet sich **Next.**

MONUMENT 19 K3

Zur Erinnerung an das Große Feuer entwarfen Robert Hooke und Christopher Wren die 62 m hohe Säule des Monument. Genau 62 Meter westlich davon war am 2. September 1666 in einer Bäckerei in der Pudding Lane ein Brand ausgebrochen, der in wenigen Tagen etwa 13 000 Häuser und 87 Kirchen in der Altstadt zerstörte. Die hohle dorische Säule mit ihrer goldenen Flammenkrone ist heute von modernen Bauten eingezwängt, doch der Aufstieg über 311 Stufen zur Aussichtsplattform lohnt sich (tgl. 9.30–18, letzter Einlass 17.30 Uhr).

Wegweiser leiten zum **Riverside Walk** unter der London Bridge.

LONDON BRIDGE 20 K3

Die London Bridge war einer der wichtigsten Verkehrswege im mittelalterlichen London. Sie spannt sich etwas westlich der ersten römischen Holzbrücke über die Themse. Im 12. und 13. Jh. errichtete man eine Steinbrücke, bebaut mit Wohnhäusern, Läden und Kapellen, die alle im 18. Jh. abgerissen wurden.

Nach 500 Jahren entstand ein Neubau, den die heutige Brücke aus den 1970er-Jahren ersetzte. Hier hat man ein fantastisches 360-Grad-Panorama der Stadt.

Am Themseufer westlich der London Bridge steht die **Fishmongers' Hall** 21 K3, einst das Zunfthaus der Fischhändlergilde von 1834. Ein Umbau nach Plänen von Richard Rogers verwandelte das Erdgeschoss in die mit 8500 m² größte Bürohalle der City.

ST. STEPHEN WALBROOK 22 K3

Die Pfarrkirche des Lord Mayor, des Oberbürgermeisters der City, ist ein im 17. Jh. von Christopher Wren erbautes Juwel. Den Altar schuf Henry Moore, doch am interessantesten ist wohl das Telefon in einem Glaskasten: ein Monument zu Ehren des Rektors Chad Varah, der bereits 1953 einen Telefonseelsorgedienst einrichtete. In St. Stephen Walbrook finden freitags wundervolle Lunchtime Concerts statt (Info: Tel. 020-7626 9000).

MANSION HOUSE 23 K3

Diese offizielle Residenz des Lord Mayor symbolisiert den Sonderstatus und die Unabhängigkeit der City of London › S. 61. Als einzige Privatresidenz in Großbritannien verfügt der klassizistische Bau über ein eigenes, mittlerweile aber nicht mehr benutztes Gefängnis.

KIRCHENKONZERTE

- **St. Martin-in-the-Fields:** Berühmt für großartige Barockmusik bei Kerzenschein. › S. 78
- **Grosvenor Chapel:** Mayfairs Kirche der Society, die auch die gratis Mittagskonzerte schätzt. › S. 83
- **St. James's Piccadilly:** Mittagskonzerte einen Steinwurf von der Oxford Street entfernt. › S. 84
- **St. Bartholomew-the-Great:** Die romanische Architektur trägt zur besonderen Stimmung der Konzerte bei. › S. 131
- **St. Stephen Walbrook** und **St. Lawrence Jewry:** Mittagskonzerte in zwei Kirchen von Christopher Wren in der City. › S. 134 und S. 135

TEMPEL DER FINANZWELT

Nördlich des Mansion House stößt man auf das Zentrum der Finanzmacht in London. Hier existiert ein Mikrokosmos des britischen Klassensystems, doch seit der technologischen Revolution zählt Fachwissen mehr als nur ein absolviertes Studium an einer Elite-Uni.

Die festungsartige Anlage der **Bank of England** 24 K3 unterstreicht den Machtanspruch des Finanzinstituts. Die Bank kann Ministern Mahnbriefe schreiben, falls sie Konten ihrer Ressorts überzogen haben. Ein kleines **Museum** › S. 28 illustriert die Geschichte der Institution, ihre Arbeit als nationale Notenbank und das britische Finanzsystem. Wer mag, kann dort selbst einmal testweise Börsenhändler spielen.

In der Threadneedle Street eröffnete bereits im Jahr 1567 **The Royal Exchange** 25 K3 als Warenbörse für Kaufleute. Herzstück des ursprünglichen Gebäudes war ein Innenhof, in dem die Kaufleute und Händler ihre Geschäfte betrieben.

Nach zwei Bränden wurde die königliche Börse im 19. Jh. neu erbaut. In den Hofarkaden locken nun Luxusläden und Weinbars – und *shoe shine boys* wienern die Schuhe der Banker.

Das luxuriöse **Threadneedles Hotel** (Tel. 020-7657 8080, www.hotelthreadneedles.co.uk, €€€) in Nr. 5 der gleichnamigen Straße war früher eine Bank und eignet sich

Erste Institution der Finanzen in Großbritannien: die Bank of England

heute bestens für eine gepflegte Pause bei einen Drink an der Bar.

ZWISCHENSTOPP: WEINBARS

Unter gestresste Banker kann man sich Mo–Fr in den beiden Bars **Balls Brothers** 7 (38 St. Mary Axe, €€) und **Corney & Barrow** 8 (5 Exchange Square, €€) mischen.

Etwas nördlich von hier konkurriert im internationalen Aktienhandel Londons **Stock Exchange** 26 K3 mit den Börsen in Frankfurt, Tokyo und New York. Auf dem »Trading Floor«, einst faszinierend in seiner hektischen Aktivität, findet heute nur noch der Optionenhandel statt. Die insgesamt 60 000 Geschäfte, die hier pro Tag abgeschlossen werden, laufen über Computer und Telefon. Seit einem Bombenanschlag der IRA bleibt die Besuchergalerie geschlossen.

GUILDHALL 27 K3

Zwischen Cheapside und London Wall erinnert viel an die Blütezeit der Zünfte im 15. Jh. Seit 800 Jahren dient die Guildhall als administratives Zentrum der City und wird häufig für offizielle Bankette genutzt.

Innerhalb des Komplexes liegt **St. Lawrence Jewry**, eine der Kirchen, die dem Großen Feuer 1666 zum Opfer fielen und von Christopher Wren neu gebaut wurden – und einen stimmungsvollen Rahmen für Mittagskonzerte bietet.

ST. MARY-LE-BOW 28 K3

Nur wer in Hörweite der Glocken dieser Kirche normannischen Ursprungs zur Welt kommt, heißt es, ist ein echter Cockney. Der alte Spitzname bezeichnet außer der Zugehörigkeit zur Londoner Stadtbevölkerung auch deren markanten Dialekt.

DAS SÜDUFER DER THEMSE

Londons ikonische Brücke, die Tower Bridge

Der Weg ist das Ziel – und das Panorama einzigartig zwischen Westminster Bridge und Tower Bridge. Erlebenswert sind auch die Theater, die Gegenwartskunst in der Tate Modern und das alte Southwark.

Vom Südufer der Themse aus erschließt sich London aus einer anderen Perspektive: Einerseits bietet sich das Panorama der berühmten Londoner *sights* von den Houses of Parliament bis zu zur Tower Bridge. Andererseits hat sich die South Bank selbt enorm entwickelt. Lambeth Palace zählt zu den bekannten Wahrzeichen der Metropole, die neuen *landmarks* heißen South Bank Centre, Tate Modern und The Shard. Die ehemaligen Docks sind heute ein exklusives Wohnviertel, durch das nur noch ein Hauch des alten Hafenzaubers weht. Authentisch wirkt Southwark rund um den Borough Market, wo schon Shakespeare verkehrte – und im neuen Globe wird wieder Theater gespielt.

TOUREN AM SÜDUFER

TOUR 11

UNTERWEGS AN DER SOUTH BANK

VERLAUF: Westminster Bridge > Lambeth Palace > London Eye > Royal Festival Hall > Hayward Gallery > Royal National Theatre

KARTE: Seite 138
DAUER: Gehzeit 1 Std.
PRAKTISCHE HINWEISE:

- Der Spaziergang von der Ⓤ Westminster zur Ⓤ Waterloo lohnt sich bei schönem Wetter, auch abends.
- Wer Museen einflechten will, sollte am frühen Nachmittag starten.
- Das London Eye dreht sich im Juli/August bis 21.30, sonst kürzer.

TOUR-START:

Wer am Ostende der **Westminster Bridge** G/H4 ein paar Schritte nach Süden geht, hat den direkten Blick auf die Houses of Parliament.

FLORENCE NIGHTINGALE MUSEUM 1 H4

Das Museum erzählt die ungewöhnliche Lebensgeschichte der »Lady mit der Lampe«. Nachdem sie als junge Krankenschwester im Krimkrieg das Elend der Verwundeten gesehen hatte, machte sich Florence

Nightingale (1820–1910) um eine bessere Krankenpflege verdient. (St. Thomas's Hospital, 2 Lambeth Palace Rd., tgl. 10–17 Uhr.)

LAMBETH PALACE – GARDEN MUSEUM 2 H5

Die ehemalige Londoner Residenz der Erzbischöfe von Canterbury ist nicht öffentlich zugänglich, aber ihr Backsteintorhaus (15. Jh.) zählt zu den Wahrzeichen des südlichen Themseufers.

Im renovierten **Garden Museum** nebenan lernt man viel über die Tradescants, eine Familie königlicher Gärtner des 16. und 17. Jhs. Teil des Museums ist der *Knot Garden* mit ornamental geschnittenen Buchshecken, wie sie im 17. Jh populär waren. (tgl. 10.30–16 Uhr, Tel. 020-7401 8865, www.gardenmuseum.org.uk).

LONDON AQUARIUM 3 H4

Wo in der ehemaligen **County Hall** einst die Bürokratie die Oberhand hatte, tummeln sich nun Hunderte heimischer und exotischer Fischarten, große Haie inklusive (tgl. 10 bis 19 Uhr, letzter Einlass 60 Min. früher, www.visitsealife.com).

LONDON EYE 4 H4

Das 135 m hohe Riesenrad (das höchste der Welt) bietet seit der Jahrtausendwende Besuchern einen kilometerweiten Blick über die Stadt. Die 25-minütige Drehung um 360° erlebt man in 32 geschlossenen Hightech-Glaskabinen für 25 Personen. Das London Eye wurde aus 1700 t Stahl erbaut und ist 30 m

TOUR AN DER SOUTH BANK

TOUR 11

UNTERWEGS AN DER SOUTH BANK

1 Florence Nightingale Museum
2 Garden Museum
3 London Aquarium
4 London Eye
5 Royal Festival Hall
6 Queen Elizabeth Hall
7 Hayward Gallery
8 BFI Southbank
9 Royal National Theatre

höher als die St. Paul's Cathedral (tgl. meist 10–20.30 Uhr, im Frühling/Sommer auch länger. Standardticket £ 27, bei Onlinebuchung £ 24,30, Kinder 4–15 Jahre £ 19,80, unter vier Jahren frei, www.londoneye.com.

ABSEITS DER TOUR

Im frisch renovierten **Imperial War Museum** H/J5 dokumentieren Flugzeuge, Uniformen und Geschütze die britische Kriegsgeschichte seit 1914. Im Anbau wird die Holocaust-Ausstellung gezeigt (Lambeth Road, tgl. 10–18 Uhr, Eintritt frei, www.iwm.org.uk, Ⓤ Lambeth North).

THEMSEPANORAMA ★

Man muss gar nicht mal durch die Luft schweben, am London Eye ist auch unten der Blick von der South Bank zum Nordufer einzigartig: im Westen die Houses of Parliament, Big Ben und die Westminster Bridge, gegenüber silbrig leuchtend die postmoderne Bahnhofsfassade der **Charing Cross Station.** Die abends beleuchtete Eisenbahnbrücke **Hungerford Bridge** (1845 ursprünglich nur für Fußgänger geplant, 2002 neu eröffnet) wird von Fußgängerbrücken flankiert.

Dahinter sieht man **Cleopatra's Needle.** Der auf ca. 1450 v. Chr. datierte Granitobelisk wurde Großbritannien 1819 vom ägyptischen Vizekönig Mehemet Ali geschenkt und 1879 aufgestellt.

SOUTHBANK CENTRE

Die **Royal Festival Hall** 5 H4 entstand 1951 auf einem Trümmergrundstück und symbolisierte den Aufschwung des Südufers. Von 2005 bis 2007 aufwendig renoviert, hat die Konzerthalle heute eine wunderbare Anbindung ans Flussufer. Auch kleine Passagen mit Buch- und Kuriositätenläden sind entstanden. Das Gebäude ist Teil

Vom London Eye aus wirken die Houses of Parliament geradezu winzig

Karte S. 142

des **Southbank Centre** H4, das auch die **Queen Elizabeth Hall** 6 (mit Purcell Saal) und die **Hayward Gallery** 7 (v.a. zeitgenössische Kunst) umfasst (Belvedere Rd., www.southbankcentre.co.uk).

Unter den Restaurants und Cafés des Southbank Centre schneidet das **Canteen** (€€) mit modern-britischen Gerichten besonders gut ab, z.B. der gebratenen Ente mit Apfelsauce (Royal Festival Hall, Belvedere Road, Tel. 020-7620 2505, tgl.).

Themseabwärts kommt das **BFI Southbank** 8 H4 (British Film Institute) in Sicht, auf dessen Vorplatz täglich antiquarische Bücher verkauft werden. Auf den drei Leinwänden sind oft anderswo kaum noch gezeigte Kultfilme zu sehen. Neu ist die **Mediatheque**, in der man Zugang zu jedem Film im Archiv des BFI hat (www.bfi.org.uk).

ROYAL NATIONAL THEATRE 9 9 H3/4

Der 1976 eröffnete Bau im Design von Sir Denys Lasdun, eine abstrakte Kombination aus vertikalen und horizontalen Betonbaugliedern, hat viele Kritiker. Doch wenn das Gebäude abends farbig angestrahlt ist, verstummen selbst die härtesten Gegner. Gespielt wird auf den drei Bühnen **Lyttelton Theatre, Olivier Theatre** (nach dem ersten Direktor Laurence Olivier, Star der National Theatre Company) und dem seit seiner Renovierung größeren **Dorfman Theatre** (vormals Cottesloe Theatre). Im Foyer gibt es oft kostenlose Veranstaltungen, etwa Livejazz (www.nationaltheatre.org.uk).

TOUR 12

DURCH SOUTHWARK NACH OSTEN

VERLAUF: Gabriel's Wharf > Tate Modern > Shakespeare's Globe Theatre > Southwark Cathedral > HMS Belfast > Tower Bridge > Design Museum

KARTE: Seite 142
DAUER: Reine Gehzeit 1 Std.
PRAKISCHE HINWEISE:

- Ideal wäre abermals ein sonniger Tag für den Uferspaziergang, beginnend an der Ⓤ Waterloo oder der Ⓤ Southwark, bis zur Tower Bridge (Ⓤ Tower Hill). Allerdings liegen derart interessante Sehenswürdigkeiten am Weg, dass das Wetter zweitrangig wird. Viele schließen gegen 17 Uhr, am Fr/Sa ermöglicht die Tate Modern Kunstgenuss bis 22 Uhr.
- Der Borough Market ist Do relativ ruhig, Fr/Sa sehr voll.

TOUR-START:

Farbenfroher Auftakt zum Spaziergang ist **Gabriel's Wharf** mit Cafés, Lokalen und kleinem Trödelmarkt. Die benachbarte **Oxo Tower Wharf** 10 H/J3 wurde im 19. Jh. als Kraftwerk gebaut und in den 1920ern vom Brühwürfelhersteller OXO erworben. Die Fenster des Turms bilden das Wort OXO: eine clevere Lösung, um das Verbot von großen Werbeflächen zu umgehen.

DIE TATES 10

In der Tate Modern

Imposant beherrscht die frühere Bankside Power Station das Themseufer von Southwark. Nach dem Umbau gelangte das Kraftwerk von 1930 zu ungeahnter Popularität: als **Tate Modern** 11 J3, dem im Jahr 2000 eröffneten zweiten Londoner Haus der Tate Gallery.

Angefangen hatte alles damit, dass der Zuckermagnat Henry Tate seine Kunstsammlung dem Staat vermachte und damit den Grundstock der 1897 eröffneten Nationalgalerie britischer Kunst schuf – die ursprüngliche Tate Gallery.

Ende der 1990er-Jahre wurde die im Lauf der Jahrzehnte ständig angewachsene Sammlung auf zwei Häuser aufgeteilt. Im Gebäude der ehemaligen Nationalgalerie, jetzt **Tate Britain** › S. 77 verblieb die britische Malerei vom 16. Jh. bis heute, u. a. Portraits von Thomas Gainsborough, George Stubbs' Pferdebilder, die Landschaften von John Constable und William Turner.

Die **Tate Modern** wurde Heimat der größten Kunstgalerie Europas für zeitgenössische Kunst ab 1900, mit einer permanenten Kollektion (u. a. Picasso, Braque, Monet, de Chirico, Miró, Beuys, Warhol) und Wechselausstellungen internationaler Künstler. Große Magneten sind die oft spektakulären Ausstellungen in der Turbinenhalle und in den umgebauten Öltanks. Eine Fußgängerbrücke führt von der Turbinenhalle zu einem neuen Anbau von Herzog & de Meuron, der im Juni 2016 eröffnet wurde. (So–Do 10–18, Fr, Sa 10–22 Uhr, www.tate.org.uk).

Verbunden sind die beiden Tates über die Themse mit dem **Tate Boat** › S. 78. Die 350 m lange, von Sir Norman Foster entworfene **Millennium Bridge** führt über den Fluss zur St. Paul's Cathedral.

Heute befinden sich hier Wohnungen, Designerläden und eine Kunstgalerie.

ZWISCHENSTOPP: RESTAURANTS

- Für seine Pizza erhielt das familienfreundliche Restaurant **Gourmet Pizza Co.** ❶ (€) in Gabriel's Wharf bereits Preise (56 Upper Ground, Tel. 020-7928 3188, tgl.).
- Das Beste am **Oxo Tower Restaurant** ❷ (€€) im 8. Stock ist die Aussicht von der Terrasse (Barge House Street, Tel. 020-7803 3888, tgl., moderne britische Küche).

SHAKESPEARE'S GLOBE THEATRE 12 ★ J3

In Bankside ist eine Legende wieder auferstanden: der runde Holzbau des Globe. Das Theater, an dem Shakespeare inszenierte und selbst auftrat, stand Ende des 16. Jhs. etwas östlich der jetzigen Stelle. Selbst beim Material – Eichenbalken sowie Putz aus Kalk, Sand und Ziegenhaar – orientierte sich die Rekonstruktion eng am historischen Vorbild › mehr S. 16 Punkt ㉗. Die Spielzeit währt von Mai bis September. Gespielt wird wie im elisabethanischen Theater: ohne Bühnenbild bei Tageslicht. Zischen und Buhen ist erlaubt wie zu Shakespeares Zeit.

2014 eröffnete zusätzlich das überdachte **Sam Wanamaker Playhouse** mit zeitgenössischen Dramen (www.shakespearesglobe.com).

Wo heute der Pub **The Anchor** (€) steht, kehrten schon vor Jahrhunderten Gäste auf der Durchreise ein (34 Park Street, tgl.).

CLINK STREET UND THE GOLDEN HINDE

Östlich der Bahnbrücke erinnern in der Clink Street noch ein paar Ruinen an den Palast der katholischen Bischöfe von Winchester (Residenz 12.–18. Jh.). Sie finanzierten ihren

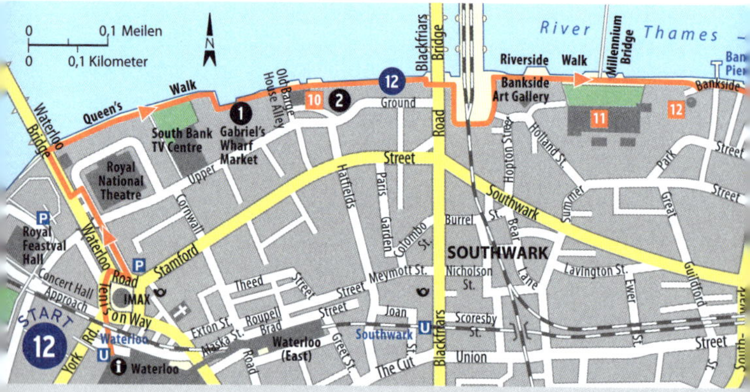

TOUR IN SOUTHWARK

TOUR ⓬

DURCH SOUTHWARK NACH OSTEN

- 10 Oxo Tower Wharf
- 11 Tate Modern
- 12 Shakespeare's Globe Theatre
- 13 Clink Prison Museum
- 14 The Golden Hinde

aufwendigen Lebensstil mit dem »Management« der lokalen Prostituierten. Hielten sich die »Winchester Gänse« allerdings nicht an die Regeln, verschwanden sie im berüchtigen Clink-Gefängnis.

Das **Clink Prison Museum** 13 K3/4 dokumentiert die Geschichte der Bordelle und des Kerkers (Mo bis Fr 9–18 Uhr, www.clink.co.uk).

An der Ecke Bank End/Clink Street entsteht zur Zeit ein neuer Shoppingkomplex (vormals befand sich hier das Weinmuseum Vinopolis samt Restaurant). Rundum fehlt es nicht an Cafés und Restaurants. Eine beliebte Adresse ist **Bill's Clink Street Restaurant** – ob frühmorgens für ein kräftigendes »Bill's Breakfast« oder abends auf einen Espresso Martini. (Victor Wharf, Clink Street, Tel. 020-7234 000, tgl. 8–23 Uhr. €–€€)

The Golden Hinde 14 K3 im St. Mary Overie Dock ist eine Rekonstruktion von Sir Francis Drakes Schoner (16. Jh.) und heute ein schwimmendes Museum. Unterhaltsam ist auch die Crew in elisabethanischer Montur, die gern Seemansgarn spinnt (tgl. meist 10 bis 17 Uhr, www.goldenhinde.co.uk).

SOUTHWARK CATHEDRAL

15 ★ K4

Der Bug der Golden Hinde weist in die Richtung der Southwark Cathedral, 1106 als Klosterkirche St. Mary Overie (»over the river«) gegründet. Nach einem Brand Anfang des 13. Jhs. entstand der große gotische Bau, von dem bis heute Teile erhalten sind. 1905 erhielt die Kirche den Rang einer Kathedrale.

Der Komplex des restaurierten Baus – ein normannisches Portal öffnet sich zur Themse hin – umfasst auch einen idyllischen Kräutergarten, ein Besucherzentrum sowie ein **Restaurant** › S. 49.

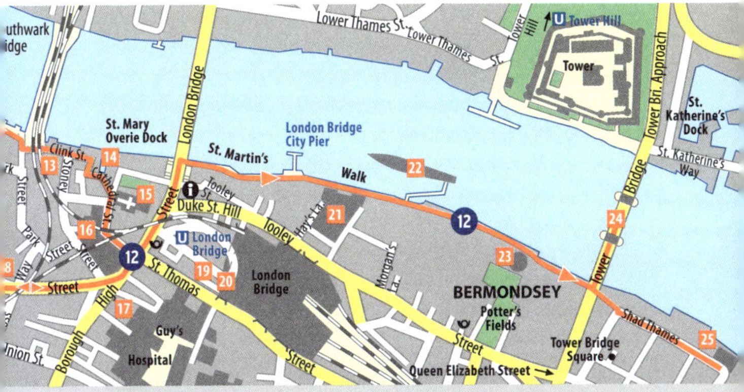

15 Southwark Cathedral
16 Borough Market
17 The George Inn
18 Menier Chocolate Factory
19 Old Operating Theatre
20 The Shard
21 Hay's Galleria
22 HMS Belfast
23 City Hall
24 Tower Bridge
25 Butler's Wharf

Der gemischte Chor der Kathedrale ist bekannt für sein modernes Repertoire. Nach dem 11-Uhr-Gottesdienst am Sonntag gibt es im Garten Kaffee und Gelegenheit zu einem Schwatz mit den Gemeindemitgliedern.

BOROUGH MARKET 16 K4 UND UMGEBUNG

Londons ältester Gemüsemarkt ist auch einer der populärsten mit fantastischem Angebot. Nach einem großen Umbau hat sich das Angebot an kulinarischen Genüssen über die viktorianische Markthalle hinaus bis zur neuen »Vinopolis Piazza« ausgebreitet (Italien scheint die Oberhand zu haben). Trotzdem lebt in den engen Gassen rund um den Markt noch ein Stück altes London mit viel Charme. Freitags und samstags ist der Markt hoffnungslos überfüllt (Stoney St., Mo–Do 10 bis 17, Fr 10–18, Sa 8–17 Uhr.) Die Empfehlung zum Lunch: **Fish** (Cathedral St.).

Nicht allzu weit entfernt in der Borough High Street hat die 1542 gegründete Taverne **The George Inn** 17 K4 (€), Londons einzige erhaltene Postkutschenstation, ihre mittelalterliche Fachwerk-Romantik ins 21. Jh. gerettet. Hier kippte schon Shakespeare sein Ale. Da die Docks und Lagerhäuser nahe der London Bridge traditionell auf Tee und Kaffee spezialisiert waren, gab es im George Inn schon im 17. Jh. einen Coffee Room (77 Borough High St., Tel. 020-7407 2056, tgl.).

Unweit von hier gibt es in der **Menier Chocolate Factory** 18 K4 experimentelles Theater und Hamburger oder Tagliatelle im hauseigenen Restaurant (53 Southwark St., Tickets: Tel. 020-7378 1713, www.menierchocolatefactory.com; Restaurant Mo geschl., €). Populär ist auch der Weekend-Brunch in **The Table Café,** (€), das modern-britische Küche serviert (83 Southwark Street, Tel. 020-7401 2760, www.thetablecafe.com, tgl.)

ABSEITS DER TOUR

Das kleine Museum **The Old Operating Theatre** 19 K4 zeigt die Geschichte der Chirurgie im 19. Jh. (tgl. 10.30–17 Uhr, 9a St. Thomas St., www.oldoperatingtheatre.com).

Das spektakuläre Hochhaus **The Shard** 20 K4 (Entwurf: Renzo Piano) bietet auf den Etagen 68, 69 und 72 ein sensationelles London-Panorama (www.the-shard.com).

Samstagmorgens ist der Wochenmarkt am **Bermondsey Square** L5 einen Besuch wert › S. 52.

Avantgardekunst zeigt die Galerie **White Cube** L4 (Di–Sa 10–18, So 12–18 Uhr, 144–152 Bermondsey St., www.whitecube.com).

VON DER HAY'S GALLERIA ZUR CITY HALL

Die glasüberdachte Einkaufsarkade **Hay's Galleria** 21 K4 ist eine typische Docklands-Kreation: 1857 als Teelager gebaut, beherbergte sie das erste Kühlhaus; ab 1867 wurden Butter und Käse aus Neuseeland gelagert. Heute glänzt die Shoppingarkade in den von Prinz Charles so geschätzten »menschlichen Proportionen« mit historischem Charme.

Umweltbewusst und lecker – in der Markthalle des Borough Market

Geht man hindurch, gelangt man wieder zur Themse, wo die **HMS Belfast** 22 L4 fest vertäut liegt. Europas größtes Kriegsschiff aus dem Zweiten Weltkrieg kann von der Kommandobrücke bis zu den Maschinenräumen erkundet werden (März–Okt. 10–18, Einlass bis 17.15 Uhr, sonst 1 Std. kürzer).

Sir Norman Foster entwarf die hypermoderne, asymetrisch geformte **City Hall** 23 L4, Sitz des Bürgermeisters und des Stadtparlaments › S. 61. Teile des Gebäudes sind der Öffentlichkeit zugänglich (www.london.gov.uk/gla).

Gleich nebenan werden auf der neuen Freilichtbühne **The Scoop** kostenlose Theateraufführungen und Konzerte gegeben (www.morelondon.co.uk/scoop.html).

TOWER BRIDGE 24 ★ L4

Die fast 290 m lange Klappbrücke ist Londons Wahrzeichen schlechthin. Als der Prince of Wales sie 1894 eröffnete, galt die monumentale Stahlkonstruktion als Weltwunder.

Blitzblank poliert sind die Ungetüme Teil der thematisch wechselnden Erlebnisausstellung **Tower Bridge Exhibition** in den hohen Brückentürmen. Außerdem kann man von den verglasten Walkways den weiten Ausblick genießen. (April–Sept. 10–18, Okt.–März 9.30 bis 17.30 Uhr, letzter Einlass 30 Min. früher, www.towerbridge.org.uk.)

BUTLER'S WHARF 25 L4

Unter der Tower Bridge hindurch gelangt man entlang der Straße Shad Thames zur **Butler's Wharf,** wo sich Apartments, Restaurants, Läden und Kunstgalerien um einen Platz gruppieren. Neben traditioneller britischer Küche bietet das **Butler's Wharf Chop House** (€€, www.chophouse-restaurant.co.uk, tgl.) den besten Blick auf die Tower Bridge, den Tower – und auf St. Katherine's Dock › S. 152.

LONDONS OSTEN

Das National Maritime Museum in Greenwich vor der Kulisse der Hochhäuser auf der Isle of Dogs

Karte S. 149, 154

Junge Kunst hat das einst geschmähte East End neu belebt, das Viertel Spitalfields liegt im Trend. Den Boom in Canary Wharf spiegelt die moderne Architektur, die Bedeutung von Greenwich zeigen seine Museen.

Das East End östlich des Börsenviertels verkörpert den kontrastreichen Gegenpol zur reichen City und dem eleganten West End. Vor rund 30 Jahren ließen sich junge Künstler in diesem vernachlässigten Teil Londons nieder, weil dort die Mieten billiger waren. Es dauerte nicht lang, und ein trendbewusstes Publikum zog nach. Indische Sari-Läden, Curry-Restaurants und buntes Markttreiben prägen heute das East End – doch in stillen Seitenstraßen findet man auch stilgetreu restaurierte Häuser des 17. Jhs.

Man muss einmal auf dem Tower Hill stehen und die dicken Mauern des Tower überblicken, die Zuckerbäckertürme der Tower Bridge, die Glaspaläste der City und das boomende Südufer der Themse: Nirgendwo sonst spürt man Londons lange Geschichte und seine dynamische Gegenwart derart intensiv. Der Tower selbst ist eine der wichtigsten Attraktionen Londons – jahrhundertelang war er Festung, Palast, Staatsgefängnis und Hinrichtungsstätte.

Im alten Hafendörfchen Wapping östlich der Tower Bridge durchzechten Matrosen einst die Nächte. Nach der Schließung der innerstädtischen Docks wurden die Lagerhäuser zu noblen Wohnquartieren umgebaut. Der Charme des Viertels ist hier und dort geblieben.

Flussabwärts mäandert die Themse in einer hufeisenförmigen Schleife um die Isle of Dogs. Einst befanden sich hier die Docks des größten Hafens der Welt. Nach dessen Stilllegung in den 1970er-Jahren wurden in dem Gebiet Wohn- und Geschäftszonen entwickelt. Kernstück ist Canary Wharf mit seinen Hightechtürmen und Einkaufspassagen sowie vielen Bars, Cafés und Restaurants.

In Greenwich legten die Schiffe von Francis Drake, James Cook und Lord Nelson ab, um auf den Weltmeeren Ruhm und Reichtum für die Krone (und sich selbst) zu erwerben. Durch das Observatorium verläuft der Nullmeridian, der die Erde in eine Ost- und eine Westhälfte teilt. Nicht zuletzt glänzt das ehemalige Fischerdorf mit prachtvollen Renaissancebauten, die Architekten wie Christopher Wren und Inigo Jones dort errichtet haben.

Eine Mäanderschleife flussabwärts von Greenwich riegelt die riesige Thames Flood Barrier seit 1982 bei Bedarf die Themse ab, um London vor Hochwasser zu schützen. In der Regel werden die Sperren ein- bis zweimal im Jahr ausgefahren. Ein Information Centre erklärt die Technik.

…REN IN LONDONS OSTEN

TOUR 13

UNTERWEGS IN SPITALFIELDS

VERLAUF: Whitechapel High Street > Osborn Street > Brick Lane bis Cheshire Street > Quaker Street > Commercial Street > Folgate Street > Christ Church > Old Spitalfields Market > Commercial Street

KARTE: Seite 149
DAUER: Gehzeit 2 Std.
PRAKTISCHE HINWEISE:

- Die Tour durch Spitalfields ab/bis Ⓤ Aldgate East ist für Flohmarktfreunde am Sonntagvormittag sehr unterhaltsam, wenn das Treiben auf dem Brick Lane Market beginnt.
- Dies ist auch ein idealer Tag, um in Dennis Severs' House das Leben einer Seidenweberfamilie kennenzulernen.
- Indische Spezialitäten gibt es in Spitalfields jeden Tag, ebenso wie die Marktküche im St. John's Bread and Wine.

TOUR-START: KÜNSTLERISCHER AUFTAKT

Direkt neben der U-Bahn befindet sich die **Whitechapel Art Gallery** 1 L2, bekannt für Ausstellungen zeitgenössischer Kunst, einen guten Buchladen und ein modernes Café (77–82 Whitechapel High St., www.whitechapel.org, Di–So 11–18 Uhr. Donnerstags ist das Café bis 21 Uhr geöffnet und wird zur Weinbar).

SHOPPING

Wer Vintage liebt, wird bei **Atika** auf zwei Etagen fündig: Retro-Mode, Möbel, antiquarische Bücher und mehr (55–59 Hanbury St,. Tel. 020-7377 0730, www.atikalondon.co.uk, Mo–Sa 11–19, So 12–18 Uhr).

RUND UM DIE BRICK LANE 2 L2

Die Prestigebauten der City im Rücken, biegt man links in die Osborn Street ein, die in die **Brick Lane** übergeht. Dieses Viertel war stets ein Sammelbecken für Einwanderer. Im 18. Jh. wurden hier Bier und Ziegel (*bricks*) hergestellt. Heute betreiben muslimische Bengalen Sari-Läden, Supermärkte und Hinterhofnähstuben.

In Seitenstraßen wie der **Fournier Street** und der **Princelet Street** siedelten sich im 18. Jh. aus Frankreich geflohene Hugenotten an. Sie betrieben die Seidenweberei derart erfolgreich, dass sie sich repräsentative Häuser bauen konnten. Seit der Restaurierung sind sie ein Anziehungspunkt für Architekturenthusiasten.

Das Gebäude des **Museum of Immigration and Diversity** 3 L2 (vormals eine Synagoge) muss restauriert werden und ist deshalb nur selten geöffnet (an Öffnungstagen

Eintritt frei, 19 Princelet St., www.19princeletstreet.org.uk).

Wann immer man durch die Brick Lane schlendert – es riecht nach Curry. Muslime in weißen Kurtas sitzen vor ihren Läden, Türsteher preisen mit »very cheap, Sir« oder »air-conditioned, Madame« ihr Restaurant an.

Seinem Namen gerecht wird **The Famous Curry Bazaar** (Nr. 77, €). Schräg gegenüber führt der **Supermarkt Taj Stores** (Nr. 112) alles für die Küche, ob Mangos, Maggi oder Kochlöffel. Ein paar Meter weiter entdeckt man links im **Dray Walk** Cafés und Retro-Läden. Geradeaus schallt der Sound von Bongotrommeln aus der Disco **93 Feet East Music Club.**

Hier beginnt sonntagmorgens der **Brick Lane Market** 4 L2 (10 bis 17 Uhr). Auf den Tischen türmen sich mehr rostige Werkzeuge als hübsche Kleinigkeiten, aber der Wirrwarr der Farben, Gerüche und Sprachen zieht viele Besucher an.

Einen Blick wert sind auf jeden Fall die trendigen Retro-Shops der **Cheshire Street** 5 L2 (im Norden). Der berühmte **Brick Lane Beigel Bake** (159 Brick Lane, tgl. rund um die Uhr geöffnet) ist Ziel vieler Nachtschwärmer. Nur: Die absolute Frischegarantie gibt es für Beigels mit Räucherlachs nicht zwingend.

WESTLICH DER COMMERCIAL STREET

Elder und **Fleur de Lis Street** zeigen perfekt restaurierte Häuser – Zeugen des Siegs der Hausbesitzer über die Abrisskommandos der Stadt.

Vor dem Haus 18 Folgate Street brennt eine Laterne: Wegweiser zum exzentrischen Museum **Dennis Severs' House** 6 L2, in dem anhand einer fiktiven Seidenweberfamilie

TOUR IN LONDONS OSTEN

TOUR 13

UNTERWEGS IN SPITALFIELDS

1. Whitechapel Art Gallery
2. Brick Lane
3. Museum of Immigration and Diversity
4. Brick Lane Market
5. Cheshire Street
6. Dennis Severs' House
7. Christ Church
8. Old Spitalfields Market

Karte S. 149

die Geschichte des Viertels erzählt wird (Mo 12–14, 17–21, Mi, Fr 17 bis 21, So 12–16 Uhr, Tel. 020-7247 4013, www.dennisseverhouse.co.uk).

Am **Spital Square** L2 gleich um die Ecke erscheint Norman Fosters Hochhaus **»The Gherkin«** › S. 132 plötzlich zum Anfassen nah. Ein Seerosenteich, römische Ausgrabungen unter Glas – der kleine Platz hat Charme.

Im Glasdach der Shoppingarkade spiegelt sich die kleine **Christ Church** 7 L2: Spitalfields' Wahrzeichen, gebaut von Nicholas Hawksmoor und bekannt für gute Konzerte (www.ccspits.org).

Am Ende des Ladenzentrums beginnt der **Old Spitalfields Market** 8 L2 mit vielen Ständen junger Kunsthandwerker. Auch viel Retro-Mode und Bio-Food sind hier zu finden (Mo–Fr 10–18, Sa 11–17, So 10–17 Uhr).

ZWISCHENSTOPP: RESTAURANT

St. John Bread and Wine 1 €–€€
Das beste Restaurant der Umgebung ist schlicht eingerichtet, doch Kaffee, Sandwiches und die marktfrische britische Küche sind immer ein Genuss.

- 94–96 Commercial St.
  Tel. 020-7251 0848
  www.stjohngroup.uk.com/spitalfields)

KUNST IN LONDONS OSTEN

Angefangen hat alles mit dem Kunsthändler Jay Jopling, der im Jahr 2000 am **Hoxton Square** seine Galerie **White Cube** eröffnete und hier Künstler wie Damien Hirst, Tracey Emin und andere Young British Artists (YBA) mit ihrem Hang zum Schock ausstellte. Zu Vernissagen fuhren Stars und Supermodels in Limousinen vor. Am Platz eröffnete eine Bar nach der anderen, und angelockt von leer stehenden Gebäuden und günstigen Mieten siedelten sich Galerien und junge Künstler in der Umgebung an. Heute ist dieser Tempel der Avantgarde geschlossen.

Zu den guten East-End-Galerien gehören inzwischen **Victoria Miro** (internationale Namen wie Chris Ofili und Ian Hamilton Finlay; 16 Wharf Road, N1, Tel. 020-7336 8109, www.victoria-miro.com) und die **Parasol Unit** (aufstrebende internationale Künstler; 14 Wharf Road, N1, Tel. 020-7490 7373, www.parasol-unit.org), die sich mit der Miro Gallery den idyllischen Garten mit Seerosenteich teilt.

Weiter östlich, im Stadtteil Hackney gibt es eine Reihe von kleinen Galerien für zeitgenössische Kunst, die immer noch einen Blick wert sind. Beste Zeit für Besuche: samstags am Spätnachmittag.

Populäre Szene-Treffs sind die Cocktailbar **The Hoxton Pony** (104–108 Curtain Rd., EC2, Tel. 020-3409 3636, Di–Fr ab 17, Sa ab 18 Uhr, www.thehoxtonpony.com) und das Restaurant **Bistroteque** (€€, modern-britische Küche; 23–27 Wadeson St., E2, Tel. 020-8983 7900, www.bistroteque.com, tgl.). Hier trifft sich die junge Szene zum Weekend Brunch.

TOUR 14

TOWER OF LONDON & WAPPING

VERLAUF: Tower Hill > Tower of London > Tower Bridge > Wapping

KARTE: Seite 154
DAUER: 3 Std., ohne Besichtigung des Tower
PRAKTISCHE HINWEISE:
- Die Tour startet ab Ⓤ Tower Hill.
- Der Tower schließt um 17.30 Uhr, St. Katherine's Dock und der Weg bis Wapping stehen immer offen.
- Den perfekten Themseblick hat der Wapping-Pub Prospect of Whitby – vor allem abends auf die Lichter von Canary Wharf.

TOUR-START: TOWER-THEMSE-PANORAMA

Gepflegte Grünflächen, Blumenrabatten – dass der **Tower Hill** einst öffentliche Hinrichtungsstätte war, ist ihm heute nicht mehr anzusehen. Schaudern mag es hingegen angesichts des Besucherandrangs am Tower of London. Umso schöner ist das von der **Tower Bridge** > S. 145 dominierte Themsepanorama. Jenseits des Flusses erkennt man **Butler's Wharf** > S. 145.

TOWER OF LONDON 9 ★ L3

Sobald man von den Beefeatern in ihren roten Tudorkostümen begrüßt wurde und die düsteren Gemäuer betreten hat, ist man gepackt von der würdevollen, manchmal gruseligen Atmosphäre der Festung, die Wilhelm der Eroberer nach der Schlacht bei Hastings ab 1077 errichten ließ. > mehr S. 17 Punkt 30

Im Lauf der Jahrhunderte diente der Tower als Residenz der Normannenkönige, als Garnisonskaserne, Schatzkammer und Gefängnis. Die Liste der berühmten Persönlichkeiten, die hier ihr Leben lassen mussten, ist lang. Angeblich geht der Geist der weiß gewandeten Anne Boleyn, zweite Ehefrau Henrys VIII, die im Tower enthauptet wurde, immer noch um.

Vom **Middle Tower** (im 18. Jh. rekonstruiert) gelangt man erst über den begrünten Burggraben, dann durch das Tor des Byward Tower (um 1300) in den äußeren Abwehrring, wo durch das **Traitors' Gate** (Verrätertor) Gefangene per Boot eingeliefert wurden. Etwas weiter steigt man hinauf in die rekonstruierten Räume, die Edward I im 13. Jh. bewohnte.

Gegenüber dem Traitors' Gate führt der Durchgang des **Bloody Tower** in den Burghof. Der Name erinnert an den historisch nicht belegten Mord Richards III an seinen beiden Neffen. Im **White Tower** ist eine Sammlung von Rüstungen und Waffen ausgestellt. Man kann auch über den Rasen des **Tower Green** – vorbei an der Hinrichtungsstätte von Anne Boleyn, Catherine Howard und Lady Jane Gray – zum Jewel House mit den Kronjuwelen der britischen Monarchie gehen. Laufbänder befördern die Menge an Preziosen und Kronen von unschätzbarem Wert vorbei.

Zu den großen Attraktionen des Tower gehören auch die **sechs zahmen Raben.** Der Legende nach bedeutet es das Ende der britischen Monarchie, wenn sie die Festung verlassen. Deshalb hat man ihnen vorsichtshalber die Flügel gestutzt (Di–Sa 9–17.30, So, Mo 10 bis 17.30 Uhr, im Winter 16.30 Uhr, Einlass jeweils bis 17 bzw. 16 Uhr, £ 26,80, bei Onlinebuchung günstiger, Tel. 020-3166 6000, www.hrp.org.uk).

WAPPING

Vom Tower unter der Tower Bridge hindurch gelangt man gleich ins 1828 erbaute **St. Katherine's Dock** L3. In den 1970er-Jahren wurde die Hafenanlage als erstes der Londoner Docks umgewidmet, Apartmenthäuser gebaut und das Ensemble mit Lokalen und Läden attraktiv gestaltet (www.skdocks.co.uk).

Über Whitechapel bzw. Shadwell (DLR) und einen Anschlussbus erreicht man Wapping. Aber am Fluss entlang sind es nur etwa 1,5 km Fußweg, wenngleich dieser Teil des East End, genauer die Tower Hamlets, für viele Welten entfernt scheint – eben jenseits von Tower Bridge. Zur Glanzzeit des Hafens im viktorianischen Zeitalter, als die großen Flotten ausliefen, um ferne Länder zu erobern, und mit exotischen Handelswaren zurückkehrten, zählte man in Wapping 140 Matrosenkneipen. Nur zwei bestehen noch. Eine ist der aus dem 17. Jh. stammende Pub **Town of Ramsgate** (62 Wapping High St.)

OLYMPISCHE SPIELE 2012

»Gott ist ein Londoner. Es gibt keine andere Erklärung«, schrieb die Times im August 2012. Denn mal abgesehen vom chaotischen Kartenvorverkauf hätten die Olympischen Spiele nicht besser laufen können. Vor dem Hintergrund der tiefsten Rezession seit über 50 Jahren erlebten die Briten, dass sie immer noch Großes leisten können, wenn es darauf ankommt. Allein die pure Freundlichkeit der 70 000 freiwilligen Helferwar beeindruckend.

Die Spiele waren auch der Antrieb für ein nachhaltiges Regenerierungsprogramm in Londons Osten: Die Stadtteile Hackney und Newham, die zu den ärmsten Gemeinden der Metropole gehören, sollten sich mit neuen Wohnungen, Schulen, Bahnhöfen und Parks zu modernen Bezirken zu entwickeln.

Inzwischen wurde das Olympische Dorf in »East Village« umbenannt, knapp 3000 umgebaute Apartments und Häuser rund um die »Celebration Avenue« sind bewohnt. Der Olympische Park (so groß wie Hyde Park und Kensington Gardens zusammen) eröffnete im Frühjahr 2014 als blühender Queen Elizabeth Olympic Park. Durch das Gelände verläuft der Fluss Lea, und man kann den Park auch mit einer geführten Bootsfahrt erkunden (www.queenelizabetholympicpark.co.uk).

In St. Katherine's Dock findet sich auch der sehenswerte Pub Dickens Inn

bei den **Wapping Old Stairs** 10 b2, wo man einst Piraten festkettete und ertrinken ließ.

Ein paar Meter weiter legen die Themseboote an den **Wapping New Stairs** 11 b2 an. Überall führen Treppen *(stairs)* zwischen ausgedienten Speicheranlagen für Tee, Kaffee, Tonnen von Pfeffer und Zimt zur Themse hinunter. Hin und wieder glaubt man in der Nähe der riesigen Backsteingebäude, in denen mittlerweile finanzkräftige Börsianer durchgestylte Lofts bewohnen, noch den Duft exotischer Gewürze wahrzunehmen.

Auch auf dem Spaziergang die Wapping High Street entlang nach Osten entdeckt man die typischen Treppen, so z.B. die New Crane Stairs. Abends kann hier echtes Edgar-Wallace-Feeling aufkommen. Es ist lebhaft vorstellbar, wie die so anschaulich beschriebenen Gauner sich auf der Themse davonmachen, während der Inspektor mal wieder zu spät kommt.

ZWISCHENSTOPP: PUBS

- Der stimmungsvolle Pub **Captain Kidd** 2 (€) hat einen Biergarten direkt am Fluss (108 Wapping High St., Tel. 020-7480 5759).
- An der Straße Wapping Wall präsentiert sich ein zauberhaftes Nebeneinander von Alt und Neu. Der 1529 gebaute Pub **Prospect of Whitby** (€€) 12 3 b1 war einst eine Piraten- und Schmugglerhöhle, aber auch rechtschaffene Bürger wie Samuel Pepys und Charles Dickens tranken hier später ihr Ale. Heute stehen Alteingesessene mit ihrem Bier an der Theke und betrachten die neuen Loftbewohner und deren Weingläser mit deutlicher Skepsis. Der Blick von der Terrasse im ersten Stock auf die neue Welt der Docklands ist so atemberaubend, dass man sich nur schwer losrei-

ßen kann. Während man die exzellenten Fish & Chips verspeist (an der Theke bestellen und bezahlen), gleitet bisweilen ein gigantischer Luxusliner vorbei und lässt die Häuser von Wapping winzig erscheinen. (57 Wapping Wall, Tel. 020-7481 1095, tgl.).

Jenseits des King Edward VII Memorial Park von Wapping beginnt **Limehouse,** einst Londons zwielichtige China Town. Folgt man dem **Thames Path** nach Osten, verläuft er parallel zur Narrow Street, wo neben dem Pub **The Grapes**

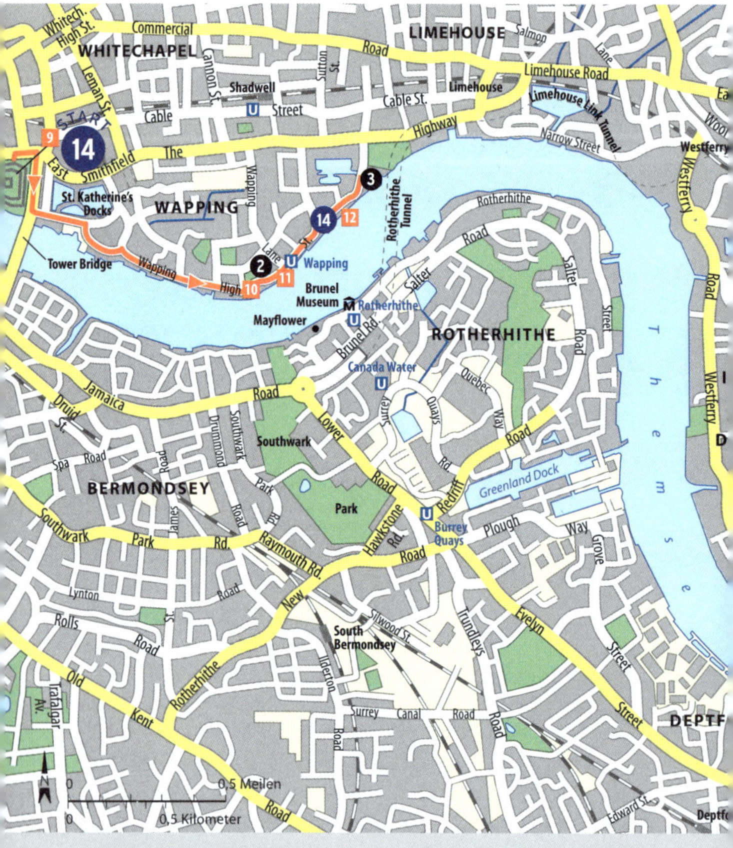

TOUREN IN DEN TOWER HAMLETS, DOCKLANDS UND GREENWICH

TOUR 14

TOWER OF LONDON UND WAPPING

- 9 Tower of London
- 10 Wapping Old Stairs
- 11 Wapping New Stairs
- 12 Pub Prospect of Whitby

(Nr. 76) noch ein paar alte Kapitänshäuser von anno 1720 stehen.

ABSEITS DER TOUR

Abends, wenn die Wellen der Themse gegen den düsteren Kai schlagen, hat das Hafenviertel **Rotherhithe** gegenüber von Wapping etwas Zauberhaftes. Das **Brunel Museum** b2 informiert über den weltweit ersten Tunnel unter einem Fluss (Railway Ave., Mo–So 10–17 Uhr, www.brunel-museum.org.uk). Die Wendeltreppe nebenan

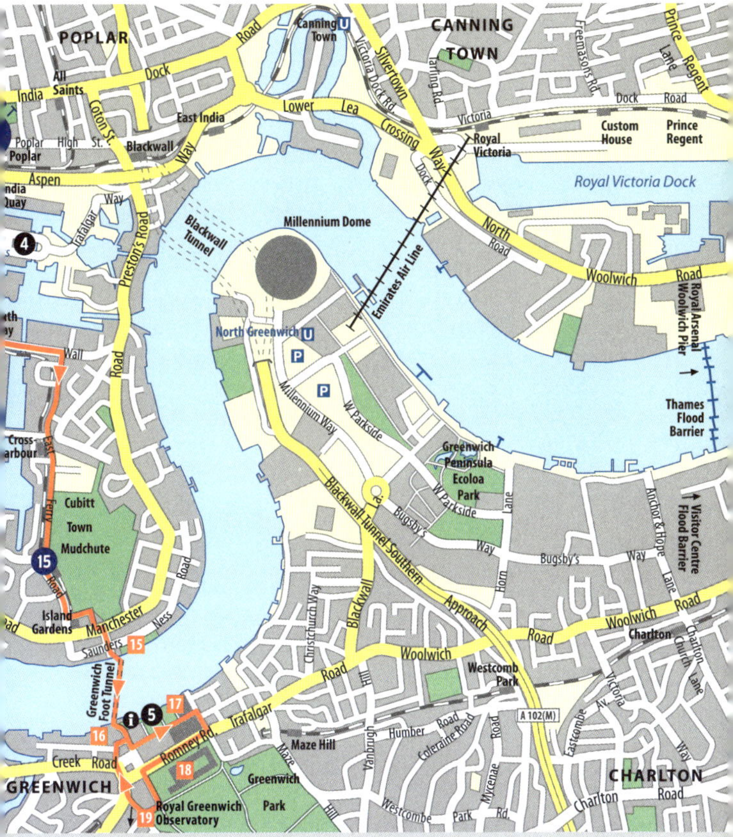

TOUR 15

ISLE OF DOGS UND GREENWICH

- 13 Canada Tower
- 14 Museum of London Docklands
- 15 Island Gardens
- 16 Cutty Sark
- 17 Royal Naval College
- 18 Queen's House, National Maritime Museum
- 19 Royal Greenwich Observatory
- 20 Laban Theatre

führt zum **Midnight Apothecary Pop Up Garden:** ein mit Blumen und Kräutern bepflanztes Idyll, komplett mit Cocktailbar (www.themidnightapothecary.co.uk).

TOUR 15

ISLE OF DOGS & GREENWICH

VERLAUF: Canary Wharf > Museum of London Docklands > Island Gardens > Greenwich Foot Tunnel > Greenwich > Cutty Sark > Royal Naval College > Queen's House > National Maritime Museum > Royal Greenwich Observatory

KARTE: Seite 154
DAUER: Reine Gehzeit 3 Std.
PRAKTISCHE HINWEISE:

- Tube, Docklands Light Railway (DLR) und die Thames-Clippers-Katamarane (www.thamesclippers.com) haben Stationen in Canary Wharf, wo zu Bürozeiten das Leben überbordet und am frühen Abend die Bars und Restaurants gute Umsätze machen – das Lichtermeer der Hochhäuser am Themseufer bietet ein fabelhaftes Bild.
- Anstatt nach der Museumstour in Greenwich zurückzukehren, könnte man auch noch mit einem der Katamarane zur Thames Flood Barrier fahren.
- Die DLR-Haltestelle in Greenwich heißt Cutty Sark.

TOUR-START: CANARY WHARF 11

Die glitzernde Neubauwelt auf der Isle of Dogs ist eine Hochburg der Finanzwelt, das London des neuen Jahrtausends, ein administratives Zentrum mit 90 300 Beschäftigten. Manhattan an der Themse, denkt man und staunt.

Wie eine futuristische Kathedrale wirkt die 60 m hohe **U-Bahnhalle** (Entwurf Sir Norman Foster), von der glasüberdachte Rolltreppen zu einer großen Piazza hinaufführen. Möwen kreisen über einem Wasserbecken. Man blickt auf gepflegte Grünflächen, schimmernde Wolkenkratzer und Apartmenthäuser, die an den früheren Hafenbecken hochgezogen wurden. Der Kontrast zur traditionsverhafteten City ist beachtlich.

Nördlich des **Jubilee Park** ragt der **Canada Tower** 13 d2 auf, ein 244 m hohes Bürogebäude mit dem Eingang zu einer Einkaufspassage (insgesamt gibt es drei mit 200 Läden). Abends nach sechs scheppert Musik aus den Kneipen des **Mackenzie Walk.** Bei gutem Wetter trinkt die Kundschaft ihr Bier draußen. Weinliebhaber schlendern weiter zum **Fisherman's Walk,** dem mit Ahornbäumen bepflanzten Boulevard an einem der alten Hafenbecken: eine Weinbar nach der anderen, die Preise sind gesalzen.

Überquert man hier die Fußgängerbrücke Wren Landing zum West India Quay, erreicht man nicht nur etliche Cocktailbars, sondern auch das **Museum of London Docklands** 14 d1, das die Geschichte des einstigen Hafens erzählt (tgl. 10–18, Einlass bis 17 Uhr, Tel. 020-7001 9844, www.museumoflondon.org.uk/docklands).

Ein idyllisches Bild mit beleuchteten Restaurants und einer Bootsanlegestelle bietet abends die Themsepromenade **Westferry Circus.** Überall sind Radfahrer und Spaziergänger unterwegs. Bei Sonnenschein hat die Promenade fast etwas Mediterranes, im herbstlichen Nebel wirkt sie geheimnisvoll.

Die **Bar Quadrato** im Four Seasons Hotel bietet sich perfekt für den gepflegten Nachmittagstee oder einen abendlichen Cocktail an, der Blick auf die Themse ist unvergleichlich (46 Westferry Circus, Tel. 020-7510 1999, www.fourseasons.com/canarywharf).

ZWISCHENSTOPP: RESTAURANT

Plateau ❹ €€€

Viel Glas und der Blick auf die Hochhäuser, populäre Gerichte wie Caesar Salad mit Sardellendressing oder Fischauflauf ... das optisch schönste Restaurant in Canary Wharf befindet sich im 4. Stock eines Bürogebäudes, über dem Supermarkt Waitrose.

- Canada Place, 38 Canada Square
  Tel. 020-7715 7100
  www.plateau-restaurant.co.uk
  So geschl.

DIE DOCKS DER ISLE OF DOGS

Bereits zur Zeit der Römer machten mit Wein und Öl beladene Galeeren an den Londoner Kais fest, um den heimwehkranken Legionären den Aufenthalt zu versüßen. Im Mittelalter blühte der Handel, im 18. Jh. war Londons Hafen der größte der Welt. Im 19. Jh. erreichten die Docks ihre Glanzzeit. Um Tee, Kaffee, Seide, Gewürze und Harthölzer für das ganze Königreich von den Schiffen löschen zu können, wurden die Themseufer von der Tower Bridge bis Gallions Reach (16 km flussabwärts) in Docks und Kais aufgeteilt. Das erste – West India Dock – eröffnete 1802, das letzte 1921.

Mit dem Niedergang des Empire begann auch der Niedergang der Docks, langsam, aber unaufhaltsam. In den 1960er-Jahren kennzeichnete längst fortgeschrittener Verfall die Docklands, und als in den 1970ern neue Containeranlagen in Tilsbury entstanden, waren die Docks am Ende: ein Niemandsland heruntergekommener Lagerhäuser. London reichte damals für die meisten Leute nur bis zur Tower Bridge. Ein erster Versuch der Sanierung war um 1975 in der Wapping Street zu sehen, als dort Lagerhäuser in Apartments umgewandelt und schäbige Pubs aufpoliert wurden. Das Beispiel machte Schule, aus dem Hafengelände wurde die größte Baustelle Europas. Inzwischen nennt die Docklands-Entwicklungsgesellschaft die Isle of Dogs stolz »Wasserstadt des 21. Jahrhunderts«, von den einen als »Stadt der Zukunft« gepriesen, von den anderen als postmoderner Größenwahn kritisiert. Die Fahrt mit der Docklands Light Railway ab der Station Tower Gateway vermittelt einen hautnahen Eindruck von der bizarren Koexistenz der Kontraste.

Die Hochhäuser der Isle of Dogs spiegeln sich im Wasser der Docklands

GREENWICH 12

Der längere Fußweg oder eine kurze Fahrt mit einem DLR-Zug stehen am Anfang der Etappe nach Greenwich, insgesamt 7 km themseabwärts ab der Tower Bridge.

Erstes Ziel sind die **Island Gardens** 15 e4 am Südufer der Isle of Dogs mit schönem Blick auf das Ensemble Greenwich, das bereits den Maler Antonio Canaletto beeindruckte. Dann geht es durch die Eingangskuppel die Treppe mit 98 Stufen hinab in den 1904 gebauten, 365 m langen **Greenwich Foot Tunnel** (tgl. 24 Std. geöffnet).

Sechs Minuten später steht man neben der **Cutty Sark** 16 e4: 1869 gebaut, war sie der letzte Teeklipper, der Tee und Gewürze von China nach England brachte – und das damals schnellste Schiff. Nach dem großen Brand von 2007 wurde das Museumsschiff restauriert (www.rmg.co.uk/cutty-sark).

Gleich nebenan befindet sich das 1696–1751 von Christopher Wren errichtete **Royal Naval College** 17 e4. Auf jeden Fall lohnt sich eine Besichtigung der reich dekorierten Painted Hall (Freskensaal) und des Rokoko-Interieurs der Kapelle.

2010 eröffnete in dem College-Komplex das Zentrum **Discover Greenwich** u. a. mit einer Ausstellung, einem Café und der Touristeninformation (Painted Hall und Discover Greenwich tgl. 10–17 Uhr, www.ornc.org/discover-greenwich-visitor-centre, Eintritt frei).

ZWISCHENSTOPP: RESTAURANT

- Flussabwärts blickt die 150 Jahre alte, für ihre Sprotten (*whitebait*) berühmte **Trafalgar Tavern** 5 (€) direkt aufs Wasser (6 Park Row, Tel. 020-8858 2909, tgl.).

Wendet man der Themse den Rücken zu, erstreckt sich landeinwärts der **Greenwich Park,** 1433 gegründet, der erste aller königlichen Parks. Ältestes Gebäude ist das perfekt proportionierte **Queen's House** 18 e4. 1616 entwarf es Inigo Jones für Anne, die dänische Frau König James' I, im Stil der italienischen Renaissance. Hier hängt »Die Schlacht bei Trafalgar«, William Turners wichtigstes Werk (tgl. 10–17 Uhr, letzter Einlass 16.30 Uhr, Eintritt frei, www.rmg.co.uk/queens-house).

Kolonnaden verbinden die Residenz mit dem **National Maritime Museum** (geöffnet wie Queen's House, Eintritt frei). Ein Highlight der Ausstellungen zur Geschichte der königlichen Kriegs- und Handelsmarine ist Lord Nelsons Uniformrock aus der Schlacht von Trafalgar 1805 gegen Napoleon.

Ein kurzer, steiler Pfad (oder ein Pendelbus ab Museum) erklimmt den Hügel zum **Royal Greenwich Observatory** 19, 1675 von Christopher Wren erbaut (geöffnet wie Queen's House, Eintritt frei).

Am Nullmeridian, als eisernes Band im Boden markiert, drängen sich Besucher. In den vier Time Galleries erfährt man Spannendes zum Thema Zeit (www.rmg.co.uk/royal-observatory).

St. Mary's Gate führt vom Park direkt in das alte Dörfchen, das von der Industrialisierung im 19. Jh. fast verschont blieb. Es ist ein Idyll mit historischen Häusern, gut sortierten (Floh-)Märkten (Sa/So), Buch- und Antiquitätenläden.

Viel Charme hat das nahegelegene **Fan Museum** mit seiner historischen Sammlung von Fächern, die 3500 Exponate umfasst. In der eleganten Orangerie kann man sich dann einen gepflegten Nachmittagstee servieren lassen (Di–Sa 11 bis 17, So 12–17 Uhr, 12 Crooms Hill, www.thefanmuseum.org.uk).

Ein kurzer Fußweg führt von der Cutty Sark zum Deptford Creek, einem Seitenarm der Themse. Hier liegt das **Laban Theatre** 20 d4 (Architektur von Herzog & de Meuron; Creekside, SE8, www.trinitylaban.ac.uk).

Ein paar Meter weiter die Straße entlang zeigt die **APT Gallery** die Arbeiten einer neuen Generation von Künstlern (1 Harold Wharf, 6 Creekside, Do–So 12–17 Uhr, www.southlondonartmap.com).

BESTE AUSSICHTSPUNKTE

- Turm der **Westminster Cathedral** › S. 79
- Kuppelumgang von **St. Paul's Cathedral** › S. 124
- Aussichtsplattform des **Monument** › S. 133
- **London Bridge** › S. 133
- **London Eye** und das Südufer der Themse dort › S. 138, 139
- **Oxo Tower** › S. 142
- **Tower Bridge** › S. 145
- **Thames Path** bei Wapping/Limehouse › S. 154
- **Island Gardens** auf der Isle of Dogs › S. 158

AUSFLÜGE & EXTRA-TOUREN

»The Shard« ist mit 310 Metern der höchste Wolkenkratzer Westeuropas

AUSFLÜGE

HAMPSTEAD & HIGHGATE

London > Hampstead > Highgate

KARTE: Seite 162
DAUER: 1 Tag
PRAKTISCHE HINWEISE:

- U-Bahnen der Northern Line fahren in Richtung Edgeware zur Ⓤ Hampstead, Richtung High Barnet halten sie an der Ⓤ Highgate und der Ⓤ Archway; letztere Station ist ca. 10 Min. Fußweg vom Highgate Cemetery entfernt.
- In beiden Orten gibt es viele Pubs und Geschäfte.
- 6 km lang ist der Spaziergang ab der Ⓤ Hampstead durch die Heide, vorbei an Kenwood House und wieder zurück (www.innerlondonramblers.org.uk).

HAMPSTEAD 1

Hampstead liegt auf einem Hügel, von dessen höchstem Punkt der Blick weit über eine offene Parklandschaft schweifen kann: Heideland *(heath)*, Wald, Hirschpark, Teiche, Wanderwege. Hier verbringen die Großstädter gern den Sonntagnachmittag.

Der Ort selbst, seit dem 17. Jh. weitgehend unverändert, ist nach wie vor eine Sommerfrische mitten in London: elegant, etwas verspielt und Wohnsitz der akademischen Elite. Gleich von der U-Bahnstation kommt man in hübsche, verwinkelte Straßen mit Boutiquen, Restaurants und Pubs wie **The Flask** (14 Flask Walk). Vor 200 Jahren wurde hier außer Bier auch Heilwasser in Flaschen *(flasks)* abgefüllt und verkauft. **Louis Patisserie** (32 Heath Street, tgl.) ist eine charmante Teestube.

Fenton House, das älteste Haus des Dorfes, stammt von 1693 und liegt in einem zauberhaften Garten. Es ist nun ein Museum und zeigt u. a. ein Cembalo, auf dem Händel gespielt haben soll. Manchmal kann man hier Sommerkonzerten lauschen (Infos: Tel. 020-7435 3471, www.nationaltrust.org.uk).

Seine produktivsten Jahre verbrachte John Keats (1795–1821), einer der bedeutendsten Dichter der englischen Romantik, in einer kleinen Doppelhaushälfte in Hampstead. Noch bevor er die Nachbarstochter Fanny Brawne heiraten konnte, starb er mit 25 Jahren an Tuberkulose. Liebesbriefe, ihr Verlobungsring und viele Manuskripte sind im renovierten **Keats House** ausgestellt (10 Keats Grove, Tel. 020-7332 3868, www.cityoflondon.gov.uk/things-to-do/keats-house, 13–17 Uhr).

Robert Adam erbaute **Kenwood House** 1764 am Nordrand der Heide. Der erste Earl of Iveagh hinterließ die noble Residenz samt ihrem großartigen Park 1927 dem Staat. Glanzpunkt der Gemäldekollektion ist Rembrandts Selbstporträt. In der schönen Orangerie finden oft

Streichkonzerte statt. Nettes Terrassencafé **The Brew House** mit Blick auf den Garten (Hampstead Lane, Tel. 020-8348 1286, www.english-heritage.org.uk, tgl. 10–17 Uhr).

HIGHGATE 2

Offenes Heideland trennt Hampstead von dem hübschen Dorf auf dem gleichnamigen Hügel. Auch Highgate wurde der guten Luft wegen geschätzt, und begüterte Städter bauten hier ihre georgianischen Landhäuser in der High Street.

Zu einem Ausflug nach Highgate gehört der Besuch des Friedhofs **Highgate Cemetery,** ein wunderbares Beispiel für die viktorianische Ästhetik. Obwohl immer noch für Bestattungen genutzt, wurde der Friedhof lange Zeit vernachlässigt, bis eine Initiative dafür sorgte, ihn zumindest teilweise restaurieren zu lassen. Im östlichen Teil findet man die Gräber von Karl Marx und Mary Anne Cross alias George Eliot (Swain's Lane; tgl. 10–17, Nov.–Feb. 10–16 Uhr, letzter Einlass jeweils 30 Min. vorher). Der Westteil ist nur bei geführten Touren zugänglich: Sa, So 11–16 Uhr (Nov.–Feb. bis 15 Uhr), Mo–Fr nur mit Vorbuchung: Tel. 020-8340 1834, www.highgatecemetery.org).

Der Backsteinbau des U-Bahnhofs Hampstead wurde 1907 errichtet

ZWISCHENSTOPP: PUB

Im **Spaniards Inn** (€) tranken nicht nur die Poeten Shelley, Keats und Byron ihr Ale, sondern auch der im 18. Jh. berüchtigte Räuber Dick Turpin (Spaniards Rd., tgl.).

KEW GARDENS & RICHMOND

London > Kew Gardens > Richmond

KARTE: Seite 162
DAUER: 1 Tag
PRAKTISCHE HINWEISE:

- Ⓤ Kew Gardens und Ⓤ Richmond sind die letzten Stationen der District Line im Westen.
- Anreise mit dem Schiff > S. 172.
- Die Gärten von Kew öffnen tgl. ab 10 Uhr und schließen je nach Jahreszeit zwischen 16 und 19 Uhr (letzter Einlass immer eine Stunde vorher), www.kew.org.uk.

KEW GARDENS 3 ★

Am südwestlichen Stadtrand erstrecken sich die königlichen botanischen Gärten: 120 ha groß, seit 2003 UNESCO-Weltkulturerbe. Die bezaubernde Parklandschaft entwarfen der Architekt William Chambers und der Landschaftsplaner Lancelot »Capability« Brown.

Wunderbar sind auch die architektonischen Highlights: das **Alpine House,** eine 10 m hohe Glaspyramide, in der 300 alpine Pflanzen gedeihen; die beiden viktorianischen **Palmenhäuser;** die **Chinese Pagoda** die **Princess of Wales Conservatory** mit Pflanzen aus zehn Klimazonen der Erde, das historische **Queen Charlotte's Cottage.** Das **Temperate House** (gemäßigte Klimazonen) wurde aufwendig restauriert und ist seit Ende 2018 wieder geöffnet.

Neueren Datums sind der **Tree Top Walk** zwischen den Baumwipfeln und die **Sackler Crossing:**

Palmenhaus in den Kew Gardens

eine elegante Fußgängerbrücke aus Granit (Entwurf John Pawson). Im Sommer gibt es oft Freiluftkonzerte im Park.

RICHMOND 4

Das attraktive Dorf ist nach einem Palast Henrys VIII benannt. Georgianische Häuser, elegante Galerien, Antiquitätengeschäfte, Boutiquen und Restaurants verleihen dem einstmaligen Fischerort ein ehrwürdig-aristokratisches Flair. Der berühmte Blick auf die Themse wurde von Malern wie Constable, Turner, Reynolds und Kokoschka auf der Leinwand festgehalten.

Im ehemals königlichen Jagdgelände von **Richmond Park** lassen sich viele Vogelarten und Rudel von Wild beobachten. Die Isabella Plantations verwandeln sich im späten Frühling in einen Farbrausch der Rhododendronblüten. Beim Parkplatz nahe Roehampton Gate gibt es von April bis September einen **Fahrradverleih.**

HAM HOUSE

Ein Stück themseaufwärts von Richmond liegt der im 17. Jh. gebaute Adelssitz Ham House mit einem für die Stuartepoche typischen Interieur. Das Backsteingebäude wird von einem herrlichen Garten umgeben, und schon der Fußweg ab der Ⓤ Richmond ist erholsam (Öffnungszeiten je nach Jahreszeit wechselnd. Hausbesichtigung im Sommer in der Regel tgl. 10–16 Uhr. Tel. 020-8940 1950, www.nationaltrust.org.uk/hamhouse).

HAMPTON COURT 5 ★

London > Hampton Court

KARTE: Seite 162
DAUER: 1 Tag
PRAKTISCHE HINWEISE:

- Züge ab Waterloo Station zum Bahnhof Hampton Court, dann 5 Min. Fußweg zum Palast. Die schönere Anreise ist, die Themse aufwärts zu schippern > S. 172. Um genug Zeit für den Palast zu haben, sollte man aber für den Rückweg die Bahn nehmen.
- Palast: April–Okt. tgl. 10–18, Nov. bis März tgl. 10–16.30 Uhr, Einlass bis eine Stunde vorher; Gärten: Sonnenaufgang bis zur Dämmerung; www.hrp.org.uk.

Zur Auffahrtsallee hin zeigt der Palast seine Tudorfassade aus rotem Backstein, zur Gartenseite den Flügel in englischem Barock. Kardinal Thomas Wolsey, Schatzkanzler von Henry VIII und nach dem König der mächtigste Mann im Land, ließ sich Hampton Court 1514 als Landsitz erbauen. Als er in Ungnade fiel, machte er den Palast dem König zum Geschenk, doch vergebens. Wolsey starb auf dem Weg zu seiner Verurteilung wegen Staatsverrats.

Alle Monarchen, die seit Henry VIII hier wohnten, haben den Palast geprägt. Im Inneren wurden 1690 die größten Veränderungen von William und Mary vorgenommen, die Christopher Wren zurate zogen. Versäumen sollte man keinesfalls den ältesten Irrgarten Englands, die Tudorküche, die Tennishalle von Henry VIII und die Mantegna-Galerie, in der der Triumph Julius Cäsars dargestellt ist. Besonders schön ist ein Ausflug im Frühjahr, wenn der Park mit Narzissen und Krokussen übersät ist.

WINDSOR

London > Windsor Castle > Windsor > Eton

KARTE: Seite 162
DAUER: 1 Tag
PRAKTISCHE HINWEISE:

- Zugverbindung: ab Paddington (ca. 45 Min. Fahrt, Umsteigen in Slough) und ab Waterloo Station (ca. 1 Std.).
- Die Öffnungszeiten für Schloss, State Apartments und Park sollte man erfragen unter Tel. 020-3123 7334; in der Regel März–Okt. 10–17.15 (letzter Einlass 16 Uhr), Nov.–Feb. 10–16.15 (15 Uhr), www.royalcollection.org.uk.

WINDSOR CASTLE 6 ★

Das graue, langgestreckte Schloss hoch über dem Städtchen Windsor ist immer noch eine Privatresidenz der königlichen Familie. Sind die Royals anwesend, bleibt Besuchern der Zutritt zu den Staatsgemächern verwehrt, doch ein beachtlicher Teil des 50 000 m² großen Anwesens ist die übrige Zeit zugänglich.

William the Conqueror ließ an der Themse ein hölzernes Fort er-

Karte S. 162

richten, spätere Herrscher sicherten es mit Steintürmen, und Edward III baute im 14. Jh. den **Norman Gateway,** den großen runden Turm, sowie die Staatsgemächer. Charles II ließ um 1600 die Staatsgemächer renovieren. 1820 beauftragte dann George IV die Gestaltung des Palastes in seiner heutigen Form.

Sehenswert ist insbesondere die **St. George's Chapel,** in der u. a. Henry VIII und George VI (Vater der jetzigen Königin) beigesetzt wurden – und wo sich Prinz Charles und Camilla nach der standesamtlichen Heirat zu einer Segnungszeremonie einfanden.

Aber schon die State Apartments überwältigen mit ihrem Prunk: Kunstvolle Gobelins, erlesenes Mobiliar, Schnitzereien von Grinling Gibbons und Deckengemälde konkurrieren mit Meisterwerken aus der Sammlung der Königin.

In Windsor Castle ist **Queen Mary's Doll's House** zu sehen, ein wahrlich traumhaftes Puppenhaus mit Miniaturgemälden, Antikmöbeln und elektrischem Licht.

WINDSOR UND ETON

Der kleine Ort **Windsor** selbst bietet ein romantisches Bild: winklige Gassen mit Kopfsteinpflaster, nette, holzgetäfelte Restaurants und zahllose Antiquitätengeschäfte. Im historischen Bahnhof von Windsor zeigt die Wachsfigurenausstellung **Royalty and Empire** sehr anschaulich die Ankunft Queen Victorias im Jahr 1897 am Tag ihres diamantenen Thronjubiläums. Nahebei hat die Queen einen superben Delikatessenladen: **Windsor Farm Shop** (Datchet Road, tgl. geöffnet).

Über eine Fußgängerbrücke schlendert man ins kleine Dorf **Eton,** dessen exklusive Privatschule bis heute viele führende Köpfe des Landes hervorbringt. Ihre Geschichte stellt das **Museum of Eton Life** vor.

Die Leibwache der Queen vor Windsor Castle

TOUREN IN LONDONS OSTEN

TOUR 13

UNTERWEGS IN SPITALFIELDS

VERLAUF: Whitechapel High Street > Osborn Street > Brick Lane bis Cheshire Street > Quaker Street > Commercial Street > Folgate Street > Christ Church > Old Spitalfields Market > Commercial Street

KARTE: Seite 149
DAUER: Gehzeit 2 Std.
PRAKTISCHE HINWEISE:

- Die Tour durch Spitalfields ab/bis Ⓤ Aldgate East ist für Flohmarktfreunde am Sonntagvormittag sehr unterhaltsam, wenn das Treiben auf dem Brick Lane Market beginnt.
- Dies ist auch ein idealer Tag, um in Dennis Severs' House das Leben einer Seidenweberfamilie kennenzulernen.
- Indische Spezialitäten gibt es in Spitalfields jeden Tag, ebenso wie die Marktküche im St. John's Bread and Wine.

TOUR-START: KÜNSTLERISCHER AUFTAKT

Direkt neben der U-Bahn befindet sich die **Whitechapel Art Gallery** 1 L2, bekannt für Ausstellungen zeitgenössischer Kunst, einen guten Buchladen und ein modernes Café (77–82 Whitechapel High St., www.whitechapel.org, Di–So 11–18 Uhr. Donnerstags ist das Café bis 21 Uhr geöffnet und wird zur Weinbar).

SHOPPING

Wer Vintage liebt, wird bei **Atika** auf zwei Etagen fündig: Retro-Mode, Möbel, antiquarische Bücher und mehr (55–59 Hanbury St,. Tel. 020-7377 0730, www.atikalondon.co.uk, Mo–Sa 11–19, So 12–18 Uhr).

RUND UM DIE BRICK LANE 2 L2

Die Prestigebauten der City im Rücken, biegt man links in die Osborn Street ein, die in die **Brick Lane** übergeht. Dieses Viertel war stets ein Sammelbecken für Einwanderer. Im 18. Jh. wurden hier Bier und Ziegel (*bricks*) hergestellt. Heute betreiben muslimische Bengalen Sari-Läden, Supermärkte und Hinterhofnähstuben.

In Seitenstraßen wie der **Fournier Street** und der **Princelet Street** siedelten sich im 18. Jh. aus Frankreich geflohene Hugenotten an. Sie betrieben die Seidenweberei derart erfolgreich, dass sie sich repräsentative Häuser bauen konnten. Seit der Restaurierung sind sie ein Anziehungspunkt für Architekturenthusiasten.

Das Gebäude des **Museum of Immigration and Diversity** 3 L2 (vormals eine Synagoge) muss restauriert werden und ist deshalb nur selten geöffnet (an Öffnungstagen

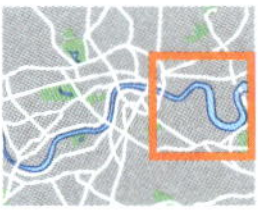

Junge Kunst hat das einst geschmähte East End neu belebt, das Viertel Spitalfields liegt im Trend. Den Boom in Canary Wharf spiegelt die moderne Architektur, die Bedeutung von Greenwich zeigen seine Museen.

Das East End östlich des Börsenviertels verkörpert den kontrastreichen Gegenpol zur reichen City und dem eleganten West End. Vor rund 30 Jahren ließen sich junge Künstler in diesem vernachlässigten Teil Londons nieder, weil dort die Mieten billiger waren. Es dauerte nicht lang, und ein trendbewusstes Publikum zog nach. Indische Sari-Läden, Curry-Restaurants und buntes Markttreiben prägen heute das East End – doch in stillen Seitenstraßen findet man auch stilgetreu restaurierte Häuser des 17. Jhs.

Man muss einmal auf dem Tower Hill stehen und die dicken Mauern des Tower überblicken, die Zuckerbäckertürme der Tower Bridge, die Glaspaläste der City und das boomende Südufer der Themse: Nirgendwo sonst spürt man Londons lange Geschichte und seine dynamische Gegenwart derart intensiv. Der Tower selbst ist eine der wichtigsten Attraktionen Londons – jahrhundertelang war er Festung, Palast, Staatsgefängnis und Hinrichtungsstätte.

Im alten Hafendörfchen Wapping östlich der Tower Bridge durchzechten Matrosen einst die Nächte. Nach der Schließung der innerstädtischen Docks wurden die Lagerhäuser zu noblen Wohnquartieren umgebaut. Der Charme des Viertels ist hier und dort geblieben.

Flussabwärts mäandert die Themse in einer hufeisenförmigen Schleife um die Isle of Dogs. Einst befanden sich hier die Docks des größten Hafens der Welt. Nach dessen Stilllegung in den 1970er-Jahren wurden in dem Gebiet Wohn- und Geschäftszonen entwickelt. Kernstück ist Canary Wharf mit seinen Hightechtürmen und Einkaufspassagen sowie vielen Bars, Cafés und Restaurants.

In Greenwich legten die Schiffe von Francis Drake, James Cook und Lord Nelson ab, um auf den Weltmeeren Ruhm und Reichtum für die Krone (und sich selbst) zu erwerben. Durch das Observatorium verläuft der Nullmeridian, der die Erde in eine Ost- und eine Westhälfte teilt. Nicht zuletzt glänzt das ehemalige Fischerdorf mit prachtvollen Renaissancebauten, die Architekten wie Christopher Wren und Inigo Jones dort errichtet haben.

Eine Mäanderschleife flussabwärts von Greenwich riegelt die riesige Thames Flood Barrier seit 1982 bei Bedarf die Themse ab, um London vor Hochwasser zu schützen. In der Regel werden die Sperren ein- bis zweimal im Jahr ausgefahren. Ein Information Centre erklärt die Technik.

Westminster Abbey am frühen Morgen

Mall › S. 85 vorbei an **Clarence House** › S. 87 und **St. James's Palace**. Rechts bietet der **St. James's Park** › S. 85 Entspannung. Biegt man allerdings links z. B. in die Marlborough Road ein, gelangt man zur **St. James's Street** › S. 88, eine der vornehmsten Straßen Londons mit vielen exquisiten Läden. Zwischen den eleganten Herrenausstattern der **Jermyn Street** › S. 83 liegt das Traditionskaufhaus **Fortnum & Mason** › S. 79 (Eingang in der Duke Street). Ideal für eine Pause ist die Weinbar im Souterrain.

Am Ausgang von Fortnum & Mason in Piccadilly blickt man unwillkürlich auf die **Royal Academy of Arts** › S. 82 auf der anderen Straßenseite.

Wer dort nicht die aktuelle Kunstausstellung anschauen möchte, biegt gleich rechts in Richtung **Piccadilly Circus** › S. 74 ab. Gleich dahinter beginnt die **Shaftesbury Avenue:** genau der richtige Weg, falls ein Theaterbesuch geplant ist, oder als Einstieg nach **Soho** › S. 99 und **Chinatown** › S. 74 – für einen Stopp in einem der vielen Restaurants.

TOUR 17

ARCHITEKTUR-TOUR: MARMOR, STAHL UND EINE GURKE AUS GLAS

VERLAUF: Liverpool Street Station › Swiss Re Tower › Lloyds Building › London Bridge › Jubilee Line › Canary Wharf › Millennium Dome › Jubilee Line

DAUER: Rund 3–4 Std.
VERKEHRSMITTEL: Ausgangspunkt ist die Ⓤ Liverpool Street, Endpunkt Ⓤ North Greenwich bzw. eine Station an der Jublilee Line im Stadtzentrum, z. B. die Ⓤ Westminster. Wochentags ist natürlich in der City und vor allem in Canary Wharf mehr los als am Wochenende, wenn die Büros geschlossen sind. Außerdem wirken die Glaspaläste im Osten bei Abendsonne besonders spannend.

Der **Bahnhof Liverpool Street** stammt noch aus der Mitte des 19. Jhs. Hightech-Architektur des 20. und beginnenden 21. Jhs. sieht man nahe der Straße Bishopsgate. Die außen liegenden Versorgungsleitungen von Richard Rogers' maschinenhaftem Bau für die Versicherungsgesellschaft **Lloyds** › S. 133 (Lime Street, 1986 eröffnet) und Norman Fosters 180 m hoher, raketenähnlicher Büroturm **The Gherkin** › S. 132 (2003) in 30 St. Mary Axe wirken nicht mehr ganz so radikal wie zur Zeit ihrer Entstehung. Kühnere, technisch avanciertere Bauten sind dazugekommen, z. B. das **Walkie-Talkie-Bürohochhaus** von Rafael Viñoly und die gläserne Zentrale der **Rothschild-Bank** von Rem Koolhaas. Besonders eindrucksvoll wirkt die City abends, wenn viele Gebäude farbig angestrahlt werden.

Von hier aus führt die Gracechurch Street in südlicher Richtung zur **London Bridge** › S. 133: Von der Mitte der Brücke hat man einen fabelhaften Blick auf mehrere Highlights zeitgenössischer Architektur: Direkt voraus ragt Renzo Pianos 310 m hoher Wolkenkratzer **The Shard** › S. 144 empor, Londons neues Wahrzeichen. Östlich, bei der Tower Bridge, steht die **City Hall** › S. 145 (Norman Foster, 2002), deren gläserne Hülle moderne Demokratie symbolisiert: Sie macht die Arbeit der Verwaltung transparent. Im

Westen verbindet die **Millennium Bridge** J3 (ebenfalls von Norman Foster) die St. Paul's Cathedral mit der **Tate Modern** > S. 141. Das Interieur dieses alten Kraftwerks haben die Schweizer Architekten Herzog & de Meuron zur meistbestaunten Galerie der Stadt gewandelt. Am Themseknie (kurz von dem Riesenrad London Eye) verbindet die **Hungerford Bridge** GH4 (Entwürfe von Lifschutz Davidson) das West End mit der South Bank. Abends schimmern die Stahlgitter der Eisenbahnbrücke – auf beiden Seiten von Fußgängerbrücken flankiert – in blauem Licht.

Am Südende der London Bridge erreicht man die gleichnamige U-Bahnstation der **Jubilee Line.** Mit dem Neubau von insgesamt zwölf Haltestellen (eröffnet 1999/2000) ist eine Kette architektonischer Schaustücke entstanden, die im West End am Green Park beginnt und im Osten in Stratford endet. Modernste Tunnelbautechniken setzte das Büro Weston Williams ein, um etwa für die **Station London Bridge** Gewölbe, die vorher als Lagerräume dienten, nutzen zu können.

Als die *tube station* **Canary Wharf** > S. 156 (drei Stationen östlich von London Bridge) entstand, musste ein ganzes Hafenbecken leer gepumpt werden. Wie eine futuristische Kathedrale aus Marmor, Glas und Stahl wirkt die 60 m hohe U-Bahnhalle von Sir Norman Foster. Glasüberdachte Rolltreppen führen in die hypermodernen Docklands.

Das Architekturbüro Alsop Störmer wählte für die Station **North**

BERÜHMTE FILM-LOCATIONS

- **St. James's Park:** Die Hundebesitzer Roger und Anita fallen in **101 Dalmatiner** (1996) in den See > S. 85 und verlieben sich. Ⓤ St. James
- **Temple Church:** In **The Da Vinci Code** (2006) führt die Spurensuche Robert Langdon zur Temple Church > S. 128, einst Sitz der Templer in England. Ⓤ Temple
- **St. Bartholomew-the-Great:** In **Shakespeare in Love** (1998) betet der Titelheld in der kleinen Kirche in Smithfield > S. 131 um Vergebung. Die Kirche diente auch als »Nottingham Cathedral« in Kevin Costners **Robin Hood** und als Schauplatz der vierten Hochzeit in **Vier Hochzeiten und ein Todesfall.** Ⓤ Barbican
- **South Bank:** Charles, der Held der Filmkomödie **Vier Hochzeiten und ein Todesfall** (1993), erklärt Carrie seine Liebe auf der Promenade der South Bank > S. 139. Dann rennen beide zum National Film Theatre, wo Charles' taubstummer Bruder wartet. Ⓤ Westminster
- Viele Straßen um den **Borough Market** > S. 144 haben sich seit viktorianischer Zeit kaum verändert. In der Park Street drehte Guy Ritchie **Bube, Dame, König, Gras** (1998). Bridget Jones schlendert in **Schokolade zum Frühstück** (2001) mitten durch den Markt. Ⓤ London Bridge

Greenwich f2 geschwungene Formen und theatralisches Kobaltblau. Dies ist die Haltestelle für den **Millennium Dome** ef2, dessen spektakuläres Kuppelzelt von Richard Rogers – 50 m hoch, 320 m im Durchmesser – heute als Konzert- und Eventhalle dient. Mit der Jubilee Line fährt man wieder zurück ins Zentrum, z. B. bis **Westminster**, wo man 30 m unter den Gleisebenen von District und Circle Line aussteigt – an einem der am tiefsten gelegenen Bahnsteige in London. Ein gigantisches Treppenwerk – ideale Kulisse, um Krimis zu drehen – verbindet ihn mit den oberen Etagen.

TOUR 18

DIE THEMSE AUF- UND ABWÄRTS

VERLAUF: FLUSSAUFWÄRTS: Westminster Pier > Kew > Richmond > Hampton Court
FLUSSABWÄRTS: Westminster Pier > Waterloo Bridge > Tower > Greenwich Pier

DAUER: Westminster Pier–Kew 1,5 Std. (einfach), bis Hampton Court 3,5 Std.; Westminster Pier–Greenwich Pier: 75 Min.

VERKEHRSMITTEL:

- An den Piers sind die Abfahrtszeiten angeschlagen, dort erhält man auch die Fahrkarten. Die Schiffe sind rollstuhlgerecht ausgestattet, haben offene Oberdecks und Panoramafenster unter Deck für Fahrten bei schlechterem Wetter.
- Fährt man themseaufwärts nicht nur bis zu den Royal Botanic Gardens in Kew (1,5 Std.), sondern weiter bis Hampton Court, ist dies ein Tagesreise. Eine Hin- und Rückfahrt kann 7–8 Std. dauern. Viele Besucher entscheiden sich für die Rückfahrt mit dem Zug zur Waterloo Station. Informationen: **Thames River Services,** Tel. 020-7930 4097, www.thamesriverservices.co.uk oder www.tfl.gov.uk.
- Themseabwärts berechtigt das einen Tag gültige River Red Rover Ticket (Online-Preis £ 18,75, am Pier £ 20,50) dazu, an den Anlegestellen Westminster, Waterloo, Tower und Greenwich Pier nach Belieben ein- und auszusteigen. Ab Westminster Pier fahren Boote jede volle Stunde. Infos: **Thames City Cruises,** Tel. 020-7740 0400, www.citycruises.com.

Eine Bootsfahrt auf der Themse ist wunderbar, um Londons Sehenswürdigkeiten aus einer anderen Perspektive zu erleben.

FLUSSAUFWÄRTS: Die Schiffe folgen der Route, die einst Henry VIII auf dem Weg zu seinem Palast in Hampton Court nahm. Vorbei am **Lambeth Palace** > S. 138, seit dem 13. Jh. die Londoner Residenz des Erzbischofs von

Zu den schönsten Zielen themseaufwärts gehören die Royal Botanic Gardens in Kew

Canterbury, und der u.a. für ihre Turner-Sammlung berühmten **Tate Britain** › S. 77, kommt die **Battersea Power Station** F6 in Sicht.

Das Nordufer säumt das **Chelsea Royal Hospital** › S. 118, das Altersheim der britischen Armee. Bereits 1694 wurde es von Christopher Wren entworfen. Die **Chelsea Old Church** › S. 117 steht an dem Platz der ursprünglichen Kapelle, in der Henry VIII heimlich Jane Seymour heiratete.

An den mit alten Bäumen gesäumten Ufern der Vororte Putney und Barnes blicken immer wieder pittoreske Pubs aufs Wasser. In **Putney** beginnt alljährlich die Bootsregatta zwischen den Teams der Universitäten Oxford und Cambridge. Großbürgerliche Villen und ihre herrlichen Gärten prägen das Themsepanorama in **Barnes.**

Die Attraktion von **Kew** sind die 120 ha großen **Kew Gardens** (Royal Botanic Gardens) › S. 163, die zu den schönsten botanischen Gärten der Welt zählen.

Zwischen Kew und Hampton Court passiert das Schiff auch den **Richmond Park** › S. 164, eine 1000 ha große königlichen Parkanlage mit Rot- und Damwild und mächtigen Eichen. Im historischen Ort **Richmond** selbst finden Shoppingbegeisterte schöne kleine Läden.

Die Endstation **Hampton Court Palace** › S. 165 könnte allein schon ein Tagesprogramm füllen – mit Tudorküche, Prunkräumen, Schlossgarten entlang der Themse und dem berühmten, 24 ha großen Irrgarten.

FLUSSABWÄRTS: Die Bootsfahrt ab Westminster Pier nach Greenwich gleicht einer Reise durch Londons Geschichte.

Big Ben › S. 77 und die **Houses of Parliament** › S. 76 machen den Anfang. Die **County Hall** › S. 138 am Südufer war einst Sitz des Greater London Council. Heute befinden sich hier das Marriott Hotel und das **London Aquarium** › S. 138. Direkt daneben: das 135 m hohe **London Eye** › S. 138. Voller Leben ist der Kulturkomplex **Southbank Centre** › S. 139 mit Royal Festival Hall, British Film Institute South Bank (Filmtheater), Hayward Gallery und Royal National Theatre. Neben der Waterloo Bridge beeindruckt am Nordufer das **Somerset House** › S. 95. Der im 18. Jh. von William Chambers erbaute Stadtpalast präsentiert seine 200 m lange Fassade entlang der Themse. Somerset House beherbergt heute drei Kunstgalerien.

Das imposante Gebäude der **Tate Modern** › S. 141 am Südufer begann seine Laufbahn im Jahr 1930 als Kraftwerk, ehe es zur modernen Kunstgalerie umgebaut wurde. Als weitere Highlights flussabwärts folgen die geschwungene **Millennium Bridge** › S. 141 von Sir Norman Foster, die durch ihre Kuppel auffällige **St. Paul's Cathedral** › S. 124 im Norden und **Shakespeare's Globe Theatre** › S. 142 auf der Südseite – noch vor der Southwark Bridge. Im historischen Viertel Southwark zwischen Globe und **Southwark Cathedral** › S. 143 (an der London Bridge) spürt man noch ein wenig vom Flair des alten London. Die Geschichte des britischen Königtums verbindet sich mit dem **Tower** › S. 151, während die **Tower Bridge** › S. 145 und die wiederbelebten **Docks** die jahrhundertealte Machtposition Londons und Großbritanniens im Seehandel verkörpern.

Die *Golde Hinde* liegt im St. Marie Overie Dock in Southwark vor Anker

Die historischen Fischerdörfchen **Wapping** S. 152 und **Limehouse** S. 154 prägt der Charme alter, meist aus Ziegelsteinen errichteter Lagerhäuser und Pubs, während die zeitgenössische Hochglanzarchitektur und die Finanzwelt die Isle of Dogs erobert haben: **Canary Wharf** › S. 156 wurde ihr Aushängeschild. Hochhäuser hüben, Seefahrertradition und königliche Palasteleganz drüben – dieser Spannungsbogen entfaltet sich in **Greenwich** › S. 158, dem Ort des Nullmeridians, dessen Ensemble die UNESCO als Weltkulturerbe ausgezeichnet hat.

INFOS VON A–Z

ÄRZTLICHE VERSORGUNG

In Notfällen können Besucher aus EU-Staaten den Gesundheitsdienst (National Health Service/NHS) kostenlos in Anspruch nehmen. Dennoch ist es anzuraten – wie für Besucher aus der Schweiz –, eine Auslandsreisekrankenversicherung abzuschließen.

Das **Urgent Care Centre** in Guy's Hospital (St. Thomas St., tgl 8–20, letzter Einlass 19 Uhr) hilft bei kleineren Verletzungen.

Medikamente erhält man außerhalb der regulären Öffnungszeiten in der **Zafash Pharmacy**, 233 Old Brompton Road, SW5, Tel. 020-7373 2798, tgl. 24 Std. geöffnet. Weitere Adressen nennt jede Polizeistation.

BARRIEREFREIES REISEN

- **Tourism for All UK,** 7A Pixel Mill, 44 Appleby Rd., Kendal, Cumbria LA9 6ES, Tel. 0845-124 9971; www.tourismforall.org.uk. Spezialist für die Vermittlung barrierefreier Unterkünfte.
- **Wheelchair Travel & Access Mini Buses** in Guildford, Surrey, Tel. 01483-237 668, verleiht für Behinderte geeignete Fahrzeuge mit oder ohne Fahrer; www.wheelchair-travel.co.uk.
- Museen und Galerien stellen bei Bedarf Rollstühle zur Verfügung. Am besten vor dem Besuch bei der jeweiligen Adresse anrufen. Weitere Infos unter www.visitlondon.com.

DIPLOMATISCHE VERTRETUNGEN

- **Deutschland:** 23 Belgrave Square, SW1, Tel. 020-7824 1300, www.uk.diplo.de
- **Österreich:** 18 Belgrave Mews West, SW1, Tel. 020-7344 3250, www.bmeia.gv.at/oeb-london
- **Schweiz:** 16/18 Montagu Place, W1, Tel. 020-7616 6000, www.eda.admin.ch/london

EINREISE

Es genügt ein gültiger Personalausweis (bei Schweizern die nationale Identitätskarte) oder Reisepass.

ELEKTRIZITÄT

Die Stromspannung beträgt 240 Volt. Für Steckdosen braucht man dreipolige Adapter.

FEIERTAGE

Neujahrstag (New Year's Day); Karfreitag (Good Friday); Ostermontag (Easter Monday); erster Mo im Mai (May Day); letzter Mo im Mai (Spring Holiday); letzter Mo im Aug. (Summer Bank Holiday); erster und zweiter Weihnachtsfeiertag (Christmas Day, Boxing Day). Fällt ein Feiertag auf Sa oder So, wird der Mo danach Feiertag.

GELD UND WÄHRUNG

- Das Pfund Sterling (£) ist in 100 Pence unterteilt. Es gibt Münzen zu 1, 2, 5, 10, 20, 50 Pence (p), £ 1 und 2 sowie Scheine zu £ 5, 10, 20 und 50.
- **Wechselkurse** (Stand November 2018): 1 € = £ 0,89; 1 CHF = £ 0,78; £ 1 = 1,13 €/1,28 CHF

BREXIT

Da bei Redaktionsschluss die endgültigen Umstände des Austritts Großbritanniens aus der EU noch nicht bekannt waren, informieren Sie sich zum Zeitpunkt Ihrer Reise bitte über die aktuellen Einreise- und Zollbestimmungen.

- **Kreditkarten** sind sehr gebräuchlich und funktionieren wie Bankkarten an Geldautomaten (Cash Points).

INFORMATION

Sehr informativ sind die Websites von **VisitBritain**, www.visitbritain.com/de, und **VisitEngland**, www.visitengland.com/de.

In London informieren die **Transport for London Visitor Centres** in den Flughäfen, Bahnhöfen und U-Bahnstationen. Auch Tickets zu Sehenswürdigkeiten werden dort verkauft. Die wichtigsten Büros:

- **Heathrow** Terminals 2& 3, U-Bahnstation, tgl. 7.30–20.30 Uhr
- **Gatwick Airport** Ankunftshallen im North und South Terminal, tgl. 9.15 bis 16 Uhr.
- **Victoria Station** gegenüber Plattform 8 in der Bahnhofshalle, Mo–Sa 8–18, So 8.30–18 Uhr.
- **Piccadilly Circus** in der U-Bahnstation, tgl. 9.30–16 Uhr.
- **King's Cross Station** Westliche Tickethalle Mo–Sa 8–18, So 8.30–18 Uhr.
- **Weitere nützliche Website:** www.londonforfree.net

NOTRUF

Polizei, Feuer und Ambulanz (kostenlos auch von Telefonzellen): 999 oder 112.

ÖFFNUNGSZEITEN

- **Banken:** Mo–Fr 9.30–15.30 Uhr (an Einkaufsstraßen bis 17.30 Uhr), einige auch Sa 9.30–13.30 Uhr.

GUT ZU WISSEN

- **Fundsachen:** Wer etwas im Zug verloren hat, sollte beim Abfahrts- oder Ankunftsbahnhof fragen. Fundsachen nimmt jede Polizeistation entgegen. Verluste in der U-Bahn oder in Bussen von London Transport sowie Taxis: Lost Property Office, 200 Baker St., NW1, Mo–Fr 8.30–16 Uhr. Am besten erst 1–2 Tage nach dem Verlust persönlich nachfragen.
- **Sightseeing:** Busrundfahrten auf mehreren Routen mit vielfachen Ein- und Ausstiegsmöglichkeiten (inkl. Themseboot bis Greenwich) bei **Original London Sightseeing Tour,** Tel. 020-8877 1722, www.theoriginaltour.com. Startpunkte u.a. Trafalgar Square, Marble Arch.
- **Big Bus Tours:** Eine Open-Top-Rundfahrt mit vielen Ein- und Aussteigemöglichkeiten, Tel. 020-7808 6753, www.bigbustours.com. Startpunkte sind u. a. der Marble Arch und die U-Bahnstation Hyde Park Corner.
- **Kanalboote** auf dem Regent's Canal: **Jason's Trip,** www.jasons.co.uk, gegenüber 60 Blomfield Road, Little Venice, W9, Ende April–Anfang Nov.; **London Waterbus Company,** Tel. 020-7482 2550, www.londonwaterbus.com
- **Themsefahrten:** › S. 172.
- **Zu Fuß:** Es gibt Dutzende von **Thementouren** unterschiedlicher Veranstaltern, z.B. Alfred Hitchcock oder Miss Marple Vintage Walk (http://sandrashevey.tripod.com/hitchcock.walks), Notting Hill Movie Tour (www.britmovietours.com), Jack the Ripper Tour oder The Royal Wedding Walk (www.walks.com).
- **Touren auf Deutsch** findet man unter der Website www.londontoursaufdeutsch.com.
- **Tour rund um den Chelsea Fußballklub:** Tel. 0371-811 1955, www.chelseafc.com/tours.

- **Geschäfte:** Mo–Sa 9/10 Uhr bis 17/18 Uhr. Im West End Do bis 19 oder 20 Uhr, in Knightsbridge und Chelsea Mi bis 19 oder 20 Uhr. Viele Läden in Touristenzentren wie z. B. Covent Garden sind auch abends und So ab 12 Uhr geöffnet; ebenso viele Supermärkte (meist bis 16 Uhr) und die von Indern geführten Lebensmittelläden.
- **Museen:** meist 24.–26. Dez., 1. Jan. und Karfreitag (Good Friday) geschl.
- **Postämter:** Mo–Fr 9–17.30 Uhr, Sa 9–12.30 Uhr.
  Nahe Trafalgar Square, 24–28 William IV Street: Mo–Fr 8.30–18.30, Di erst ab 9.15, Sa 9–17.30 Uhr
- **Pubs:** tgl. meist ab 11 Uhr geöffnet, einige schließen nachmittags. Pubs mit entsprechender Lizenz dürfen auch nach 23 Uhr ausschenken.

SICHERHEIT

Grundsätzlich ist es ratsam, in der U-Bahn leere Abteile nicht allein zu betreten. Vor Taschendieben muss man immer auf der Hut sein. Parks, einsame Straßen und Kanalufer sollten Sie im Dunkeln besser meiden.

Nach den Terroranschlägen im März und Juni 2017 wurden die Sicherheitsmaßnahmen in der ganzen Stadt deutlich verschärft. Aktuelle Informationen bietet die Website der deutschen Botschaft in London: www.uk.diplo.de.

Flugreisende müssen mit langen Wartezeiten bei den Sicherheitskontrollen an den Londoner Flughäfen rechnen. Manche Fluggesellschaften haben die Frist für das Einchecken deshalb erheblich vorverlegt. Erkundigen Sie sich rechtzeitig bei Ihrer Airline, auch nach den Regelungen für das Handgepäck!

TELEFON, HANDY, INTERNET

Telefonkarten sind in Zeitungsläden oder Bahnhöfen erhältlich. Britische Anbieter decken sowohl das GSM 900 als auch das GSM 1800 Netz ab, Mobiltelefone funktionieren problemlos.

London hat die Vorwahlnummer 020, die achtstelligen Teilnehmernummern beginnen mit den Ziffern 3, 7 und 8.

- **Tel.-Auskunft** für London und Großbritannien: 118 118 und 118 888
- **Auslandsauskunft:** 0 22 88 99
- **Auslandsvorwahlen:** Großbritannien 0044, Deutschland 0049; Österreich 0043; Schweiz 0041
- An **Internetcafés** herrscht kein Mangel, der Standard ist sehr gut.

TRINKGELD

Hotelportiers, Taxifahrer und Friseure sowie, falls auf der Rechnung *service not included* steht, das Servicepersonal in Restaurants erwarten 10–15 % des Rechnungsbetrags. In Pubs wird an der Theke bezahlt, ohne Trinkgeld.

ZEIT

In Großbritannien gilt die Greenwich Mean Time (GMT): Mitteleuropäische Zeit (MEZ) minus 1 Stunde. Sommerzeit wie auf dem Kontinent.

ZOLL

EU-Bürger dürfen Waren des persönlichen Bedarfs zollfrei ein- und ausführen, max. 800 Zigaretten, 10 l Spirituosen, 110 l Bier. Für Schweizer gilt: max. 200 Zigaretten, 1 l Spirituosen über oder 2 l unter 15 Vol.-%, 60 ml Parfüm oder 250 ml Eau de Toilette.

URLAUBSKASSE

• Tasse Kaffee:	£ 2,80–3
• Softdrink:	£ 2.50
• Glas Bier (*half pint*):	£ 2,40
• Sandwich:	£ 2,80–3
• Kugel Eis:	£ 3
• Taxifahrt / 10 km:	ca. £ 30–35
• Mietwagen/Tag:	ca. £ 74

REGISTER

BILDNACHWEIS

Coverfoto: Brick Lane, London © Lookphotos/Frei, Franz Marc
Fotos Umschlagrückseite © Shutterstock/pisaphotography (links); Shutterstock/nui7711 (Mitte); Huber Images/Taylor, Richard (rechts)

Alamy/Hamilton, Rik: 158; Alamy/Perkin, Gary E.: 18; AWL Images/Arnold Jon: 70/71; B&B Belgravia: 38; Daunt:73; dpa Picture-Alliance/Crossick, Matt: 56; Fotolia/Aniol: 19; Fotolia/kmiragaya: 164; Fotolia/Murasal: 10; Fotolia/Steve: 135; Getty Images/Bumby, Brian: 92; Getty Images/Greuel, Jorg: 161; Getty Images/Kitwood, Dan: 26; Getty Images/Loop Images/Kontributor: 48; Grever, Josephine: 33; Huber Images/Linder, Lisa: 16; Huber Images/Merten, Hans-Peter: 69; Huber Images/Piccoli, Corrado: 118, 153; Huber Images/Rellini, Maurizio: 72, 111; Huber Images/Taylor, Richard: 22; iStockphoto/Garry, David: 85; Jahreszeiten Verlag/Friedrichs, Horst A.: 9, 14, 20/21, 115, 123, 132; Jahreszeiten Verlag/Langlotz, Tim: 24; Jahreszeiten Verlag/Pacini, Isabela: 28; Jahreszeitenverlag/Artz Andrea: 51, 55; Jahreszeitenverlag/Gourmet-PictureGuide: 42, 45; Jahreszeitenverlag/Koschel, Philip: 6/7, 97, 102; laif/Artz, Andrea: 36, 89; laif/EXPLORER/Coureau, Jean-Michel: 58/59; laif/Heeb: 163, 173, 129; laif/hemis.fr/Maisant, Ludovic: 125; Lookphotos/Photononstop: 12, 77; mauritius images/Alamy/Saxena, Ashok: 40; mauritius images/Alamy/Segre, Alex: 86; Seasons Agency/Jalag/Koschel, Philip: 139; Shutterstock/ Vibeckemarkhus.visit: 166; Shutterstock/andereyspb21: 145; Shutterstock/andersphoto: 100; Shutterstock/Breckwoldt, Dan: 107; Shutterstock/Elisseeva, Elena: 169; Shutterstock/khunmee: 113; Shutterstock/nui7711: 17; Shutterstock/Panayotov, Pres: 174; Shutterstock/pisaphotography: 122; Shutterstock/QQ7: 105; Shutterstock/Silva Marcio, Jose Bastos: 75; Shutterstock/Stocco, Alberto: 146; Shutterstock/Tudor, Andreea: 15; Shutterstock/Tupungato: 141; stock.adobe.com/IndustryAndTravel: 136; Wikipedia/Danesman1: 13; Wrba, Ernst: 65; Ziegler, Sophie: 8.

Liebe Leserin, lieber Leser,
wir freuen uns, dass Sie sich für diesen POLYGLOTT on tour entschieden haben.
Unsere Autorinnen und Autoren sind für Sie unterwegs und recherchieren sehr gründlich, damit Sie mit aktuellen und zuverlässigen Informationen auf Reisen gehen können.
Dennoch lassen sich Fehler nie ganz ausschließen. Wir bitten Sie um Verständnis, dass der Verlag dafür keine Haftung übernehmen kann.

Ihre Meinung ist uns wichtig. Bitte schreiben Sie uns:
GRÄFE UND UNZER VERLAG
Postfach 86 03 66, 81630 München, Tel. 0 89 / 419 819 41
www.polyglott.de

LESERSERVICE
polyglott@graefe-und-unzer.de
Tel. 0 800 / 72 37 33 33 (gebührenfrei in D, A, CH), Mo–Do 9–17 Uhr, Fr 9–16 Uhr

1. Auflage 2019

Dieses Buch wurde auf chlorfrei gebleichtem Papier gedruckt.
ISBN 978-3-8464-0385-3

Verlagsredaktion: Anne-Katrin Scheiter
Autorin: Josephine Grever
Redaktion: Martin Waller
Bildredaktion: Dr. Nafsika Mylona
Mini-Dolmetscher: Langenscheidt
Umschlaggestaltung & Layout:
Independent Medien Design, München
Horst Moser (Artdirection), Lucie Heselich
Karten und Pläne: Theiss Heidolph und Kunth Verlag GmbH & Co. KG
Satz: Tim Schulz, Mainz
Herstellung: Anna Bäumner
Druck und Bindung:
Printer Trento, Italien

PEFC
PEFC/18-31-506

GRÄFE UND UNZER

Ein Unternehmen der
GANSKE VERLAGSGRUPPE

MINI-DOLMETSCHER ENGLISCH

ALLGEMEINES

Guten Morgen.	Good morning. [gud **moh**ning]
Guten Tag. (nachmittags)	Good afternoon. [gud after**nuhn**]
Hallo!	Hello! [häl**loh**]
Wie geht's?	How are you? [hau **ah**‿ju]
Danke, gut.	Fine, thank you. [**fain, θänk**‿ju]
Ich heiße ...	My name is ... [mai **nehm**‿is]
Auf Wiedersehen.	Goodbye. [gud**bai**]
Morgen	morning [**moh**ning]
Nachmittag	afternoon [after**nuhn**]
Abend	evening [**ihw**ning]
Nacht	night [nait]
morgen	tomorrow [tu**morr**oh]
heute	today [tu**deh**]
gestern	yesterday [**jes**terdeh]
Sprechen Sie Deutsch?	Do you speak German? [du‿ju spihk **dsehöh**mən]
Wie bitte?	Pardon? [**pah**dn]
Ich verstehe nicht.	I don't understand. [ai **dohnt** ander**ständ**]
Würden Sie das bitte wiederholen?	Would you repeat that please? [wud‿ju ri**piht** ðät, **plihs**]
bitte	please [**plihs**]
danke	thank you [**θänk**‿ju]
was / wer / welcher	what / who / which [wott / huh / witsch]
wo / wohin	where [wäə]
wie / wie viel	how / how much [hau / hau **matsch**]
wann / wie lange	when / how long [wänn / hau **long**]
warum	why [wai]
Wie heißt das?	What is this called? [**wott‿is** ðis **kohld**]
Wo ist ...?	Where is ...? [**wäər**‿is ...]
Können Sie mir helfen?	Can you help me? [kän‿ju **hälp**‿mi]
ja	yes [jäss]
nein	no [noh]
Entschuldigen Sie.	Excuse me. [iks**kjuhs** miðə
rechts	on the right [on ðə reit]
links	on the left [on ðə left]
Gibt es hier eine Touristeninformation?	Is there a tourist information? [is‿ðər‿ə **tu**ərist infəmehschn]
Haben Sie einen Stadtplan ?	Do you have a city map? [du‿ju häw‿ə ßiti mäpp

SHOPPING

Wo gibt es ...?	Where can I find ...? [**wäə** kən‿ai **faind** ...]
Wie viel kostet das?	How much is this? [**hau**‿matsch **is**‿ðis]
Das ist zu teuer.	This is too expensive. [ðis‿is **tuh** ik**spännß**iw]
Das gefällt mir (nicht).	I like it. / I don't like it. [ai **laik**‿it / ai **dohnt laik**‿it]
Wo ist eine Bank / ein Geldautomat?	Where is a bank / a cash dispenser? [**wäər**‿is ə‿**bänk** / ‿ə **käsch** dispännser]
Geben Sie mir 100 g Käse / zwei Kilo ...	Could I have a hundred grams of cheese / two kilograms of ... [kud‿ai häw‿ə **hann**drəd grämms‿əw **tschihs** / **tuh kill**əgrämms‿əw ...]
Haben Sie deutsche Zeitungen?	Do you have German newspapers? [du‿ju häw **dsehöh**mən **njuhs**pehpers]

ESSEN UND TRINKEN

Die Speisekarte, bitte.	The menu please. [ðə **männ**ju plihs]
Brot	bread [bräd]
Kaffee	coffee [**koff**i]
Tee	tea [tih]
mit Milch / Zucker	with milk / sugar [wið‿**milk** / **schugg**er]
Orangensaft	orange juice [**orr**əndseh‿dsehuhs]
Mehr Kaffee, bitte.	Some more coffee please. [ßəm‿moh **koff**i plihs]
Suppe	soup [ßuhp]
Fisch	fish [fisch]
Fleisch	meat [miht]
Geflügel	poultry [**pohl**tri]
Beilage	sidedish [**ßaid**disch]
vegetarische Gerichte	vegetarian food [wädsehə**tär**iən fud]
Eier	eggs [ägs]
Salat	salad [**ßäl**əd]
Dessert	dessert [di**söht**]
Obst	fruit [fruht]
Eis	ice cream [ais **krihm**]
Wein	wine [wain]
weiß / rot / rosé	white / red / rosé [wait / räd / **roh**seh]
Bier	beer [**bi**ə]
Mineralwasser	mineral water [**minn**rəl wohter]
Ich möchte bezahlen.	I would like to pay. [ai‿wud **laik**‿tə **peh**]

MEINE ENTDECKUNGEN

Teilen Sie Ihre Entdeckungen auf facebook.com/Polyglottreisewelt.

CHECKLISTE LONDON

Nur da gewesen oder schon entdeckt?

- [ ] **THE SHARD**
  Der Aufzug schießt mit hoher Geschwindigkeit in die Höhe. Von den Stockwerken 68, 69 und 72 aus hat man das beste London-Panorama. › S. 144

- [ ] **SHAKESPEARE-AUFFÜHRUNG IM GLOBE THEATRE**
  Ganz ohne Bühnenbild und künstliche Beleuchtung werden im Rundbau die berühmten Dramen gespielt – wie zu Shakespeares Zeiten. › S. 16, 142

- [ ] **THEMSEBLICK VON DER WATERLOO-BRIDGE**
  Fast alle großen Sehenswürdigkeiten sind hier in einem einmaligen Rundblick zu sehen – ganz besonders eindrucksvoll in der Abenddämmerung. › S. 16

- [ ] **MULTIKULTI AM BRIXTON MARKET**
  Dass sich in London die ganze Welt in einer Stadt konzentriert, kann man hier mit allen Sinnen erleben. › S. 16

- [ ] **BRITISH MUSEUM**
  Kulturgüter aus allen Winkeln des früheren Empire füllen diese riesige Schatzkammer in Bloomsbury. › S. 96

- [ ] **KENSAL GREEN CEMETERY**
  Alleen mit einer ganz besonderen Atmosphäre, dunkle Katakomben und das Grab von Freddie Mercury locken auf Londons ältestem Friedhof. › S. 12

- [ ] **ST. JAMES'S PARK**
  Ein Morgenspaziergang durch den idyllischen kleinen Park im Herzen Londons führt zum Buckingham Palace, wo man dem Spektakel der Wachablösung (Changing of the Guard) zuschauen kann. › S. 85–87

MITBRINGSEL

- **Tee oder Kuchen von Fortnum & Mason** in einer der schönen grünen Dosen › S. 17
- **Duftwasser von Floris:** Jeder liebt das Grapefruit- und Rosmarin-Raumspray › S. 18